Prefácio

Bem-vindo ao livro "Fundamentos de Q.A. e Testes de Software".

Nesta obra, exploraremos os princípios essenciais que regem a qualidade assegurada e os testes de software, fornecendo uma visão abrangente sobre esse campo fundamental para o desenvolvimento de aplicações confiáveis e de alto desempenho.

A área de Quality Assurance (Q.A.) e Testes de Software desempenha um papel crucial na criação de soluções tecnológicas robustas, capazes de atender às expectativas dos usuários e garantir a excelência do software em um mercado cada vez mais competitivo. O processo de Q.A. e testes abrange desde a concepção do software até sua entrega, buscando identificar e corrigir potenciais falhas, garantindo assim a qualidade e a confiabilidade do produto final.

Como disse uma vez o renomado especialista em qualidade de software, Bill Gates: "O software é uma das áreas mais complexas e dinâmicas do mundo atual, e a qualidade é a chave para o seu sucesso".

Essa citação exemplifica a importância do nosso trabalho, pois assegurar a qualidade dos softwares é um requisito indispensável para alcançar o sucesso no desenvolvimento e na utilização das aplicações.

Neste livro, exploraremos os conceitos fundamentais de Q.A. e testes de software, abordando desde os princípios básicos até as técnicas avançadas de verificação e validação. Discutiremos as principais metodologias, ferramentas e boas práticas utilizadas pelos profissionais da área, proporcionando uma base sólida para quem deseja se aventurar nesse universo fascinante.

É importante ressaltar que este livro se destina tanto aos iniciantes em Q.A. e testes de software quanto aos profissionais experientes que buscam aprimorar seus conhecimentos. Através de explicações claras e exemplos práticos, procuramos transmitir conceitos teóricos e aplicá-los em situações reais, proporcionando uma compreensão abrangente e aplicável a diferentes contextos.

Ao final desta jornada, espero que você esteja munido dos conhecimentos necessários para desempenhar um papel fundamental na garantia da qualidade dos softwares que compõem o mundo tecnológico. Que este livro seja uma fonte de inspiração e referência constante, incentivando-o a explorar novas possibilidades e desafios na área de Q.A. e testes de software.

Boa leitura e que sua trajetória em busca da excelência na qualidade de software seja repleta de descobertas e sucesso!

Sobre o Autor

Sobre mim no campo pessoal, gosto da família, esposa Elva Melo e filho, este já o terceiro de nós WWW ..., o Walter Pai, Walter Júnior(EU) e... ele, o Walter Neto, sendo que adoro cantar U2, musculação e curtir a vida com os dois..

No profissional tenho um pouquinho mais a lhes falar, são 26 anos de experiência em Q.A. e Testes de Software, tendo tido extensa atuação em empresas como em linha aqui:

- Tecban, - Amex, - BM&F (B3), - Accenture, - IC TI Solulions. - IBM, - FIS(Fidelity), -TCS (Tata), Testfort ...

Por consultorias:

- Carrefour, - RV Digital, - TechMahindra, - Testfort ... e hoje o **CEO da Testfort Brazil**.

Palestrante e Professor independente de Q.A. & Testes de Softwae.

Membro oficial do T.M.M.I. , por muitas destas big americanas multiplicado o número de clientes das mesmas (diferentes indústrias como payments, insurance, automotivo, farmacêuticos, comercio eletrônico, loyaltys , militar e aero espacial e mais)... , projetos around the world.

Nelas desde 1997 iniciando na Tecban como Trainee, passando por diversos papeis sempre em Q.A., com duas certificações e pós-graduado em "Gestão de Qualidade de Software" ... , com paixão muito viva por estratégias , processos e ferramentas de gestão de testes e automatização equivalentes.

AS experiências que prazeirosamente trago pra vocês neste coletado de informações ao longo deste período, tanto local como diversos projetos de testes tocados pelas atuações em empresas, principalmente as BIGs Americanas, também Indianas e etc, me levam a acreditar que minimamente lhes servirão como despertar e levantar carências de se aprofundar em próximos assuntos tão importantes quanto aos aqui apenas pincelados, sejam felizes lendo!

Minha maior motivação de dispor este adequado de informações bem amplas, abrangentes e não especialistas, foi o fato de observar em palestras, empresas que começo a atuar, aconselhar e etc . , que o conhecimento que adquiri ao longo de mais de 26 anos de atação em Q.A> e Testes de Software, PODE, servir para iniciantes na área, pessoas em transição de carreira(São muitas hoje em dia), que compartilhado possa ajudar mais gente do que o contato comigo.

Agradecimentos:

Agradeço a Deus, único referencial em minha vida inteira até aqui, além de contar com pessoas maravilhosas que me ajudaram alo longo da jornada.

Pelo amor e impulsionadores de Vida, especialmente a pessoas que em diferentes fases nela estiveram, algumas no meu passado até outras do "presente" que serão meu futuro: Elva Melo minha esposa, Meu filho Walter Neto e todas as outras que leiam e saibam que meu agradecimento esteja ali, mas pela quantidade de nomes, inviabilizaria a escrita de todos e pior, faltar alguém.

Grato PessoALL.

Estou muito contente em estar por aqui, contribuir no que possa e aprender (sabem que não acaba nunca...).

Abrcs,

Walter Melo.

Autor e Especialista em Q.A. e Testes de Software

Introdução:

Bem-vindo ao "Fundamentos de Q.A. e Testes de Software" ("Guia Completo de Q.A. e Testes de Software").

Neste e-book / Livro abrangente, exploraremos os fundamentos, metodologias e melhores práticas de Q.A. (Garantia de Qualidade) e testes de software.

À medida que a indústria de software continua a evoluir e a demanda por sistemas de alta qualidade aumenta, é essencial compreender a importância do Q.A. e dominar as técnicas de teste adequadas.

Este livro servirá como um recurso abrangente para iniciantes e profissionais experientes, fornecendo conhecimento valioso para aprimorar suas habilidades de Q.A. e testes de software.

Capítulo 1: Introdução ao Q.A. e Testes de Software

1.1.1 – Origens, Q.A. e Testes de Software:

A origem de Quality Assurance (QA) e testes de software remonta aos primórdios da indústria de desenvolvimento de software. À medida que os computadores evoluíam e a demanda por software aumentava, tornou-se evidente que era necessário estabelecer processos e práticas para garantir a qualidade dos produtos de software.

O conceito de QA começou a surgir na década de 1960, quando a indústria de software estava em seus estágios iniciais. Nessa época, a maioria dos projetos de desenvolvimento de software era baseada em métodos ad hoc, o que levava a um alto número de defeitos e resultados insatisfatórios. As organizações começaram a reconhecer a necessidade de uma abordagem sistemática para garantir a qualidade do software.

A ideia central por trás da QA é estabelecer processos, padrões e práticas que garantam que o software seja desenvolvido e entregue de acordo com os requisitos e expectativas dos usuários. A QA envolve a definição de normas, a criação de diretrizes de desenvolvimento, a realização de revisões de código, a implementação de testes de software e a auditoria de processos, entre outras atividades. O objetivo é identificar e corrigir problemas e garantir que o software atenda aos critérios de qualidade estabelecidos.

Quanto aos testes de software, eles têm uma história paralela à QA. Os testes de software são uma das principais atividades dentro do processo de QA e têm como objetivo verificar se o software funciona conforme o esperado e se está livre de erros ou defeitos. Os testes de software começaram como uma atividade manual, com desenvolvedores ou usuários finais executando casos de teste para validar a funcionalidade do software.

Com o tempo, os testes de software evoluíram, incorporando técnicas e metodologias mais avançadas. Surgiram ferramentas especializadas para automatizar os testes, permitindo uma execução mais rápida e eficiente. Isso incluiu o desenvolvimento de frameworks de testes, linguagens de script específicas para testes e abordagens mais abrangentes, como testes de unidade, testes de integração, testes de sistema e testes de aceitação.

Hoje, a QA e os testes de software são disciplinas amplamente estabelecidas no campo do desenvolvimento de software. As organizações reconhecem a importância de uma abordagem estruturada para garantir a qualidade e a confiabilidade do software. Profissionais de QA e testes desempenham um papel crucial na identificação e correção de problemas, assegurando que o software atenda aos mais altos padrões de qualidade antes de ser lançado no mercado.

A evolução contínua da tecnologia e as demandas dos usuários estão impulsionando a constante melhoria dos processos de QA e testes de software. Novas metodologias ágeis, como o

DevOps e a Integração Contínua, estão sendo adotadas para promover ciclos de desenvolvimento mais rápidos e uma maior integração entre equipes de desenvolvimento e de QA. O objetivo final é entregar software confiável, seguro e de alta qualidade que atenda às necessidades dos usuários em um ambiente cada vez mais competitivo.

1.1.2 O que é Q.A. e por que é importante?

Q.A., abreviação de Garantia de Qualidade (ou em inglês, Quality Assurance), é um conjunto de atividades e processos realizados para garantir que um produto ou serviço atenda aos requisitos de qualidade estabelecidos.

No contexto de desenvolvimento de software, Q.A. envolve a aplicação de técnicas e métodos para assegurar a qualidade do software em todas as etapas do ciclo de vida.
A importância do Q.A. reside em assegurar que o software atenda às expectativas dos usuários e clientes.

Muitos desconhecem ou fazem confusão deste o início de nossa disciplina entre Q.A. e Testes de Software, desconhecendo ou negligenciando que Testes de Software seja uma das ferramentas de Q.A.

Enquanto Q.A. seja a nossa disciplina, com olhar total, uma visão holística sobre o desenvolvimento de software ou não. Desta forma podemos garantir a qualidade de diversos processos produtivos, alguns que nem sejam ou tenham desenvolvimento de software, desta forma quando falamos de S.Q.A. Software Quality Assurance, podemos lançar mão da ferramenta Testes de Software.

Sendo que o fato de termos implementado alguns testes, não necessariamente estejamos atuando com Q.A.

Algumas razões pelas quais o Q.A. é fundamental são:

Satisfação do cliente: A qualidade de um software é um fator essencial para a satisfação do cliente. Ao realizar testes rigorosos e garantir a qualidade, o Q.A. contribui para a entrega de um produto confiável e que atenda às necessidades do cliente.

Redução de riscos: O Q.A. ajuda a identificar e mitigar riscos relacionados à qualidade do software. Ao encontrar e corrigir defeitos e vulnerabilidades, o Q.A. minimiza a probabilidade de falhas e problemas graves, o que pode resultar em prejuízos financeiros ou reputacionais.

Confiança no software: Um software com qualidade confere confiança aos usuários. Através do Q.A., é possível garantir que o software funcione conforme o esperado, seja seguro, estável e livre de erros críticos. Isso aumenta a confiança dos usuários e a adoção do produto.

Eficiência e produtividade: Investir em Q.A. permite identificar e corrigir problemas de forma mais rápida e eficiente. Isso reduz retrabalhos, diminui o tempo de resolução de defeitos e melhora a produtividade da equipe de desenvolvimento.

Melhoria contínua: O Q.A. não se limita apenas a encontrar defeitos, mas também envolve a análise de processos e a identificação de oportunidades de melhoria. Através das práticas de Q.A., é possível implementar processos mais eficientes e aperfeiçoar continuamente a qualidade do software.

Q.A. é importante porque ajuda a entregar um software de alta qualidade, que atende às necessidades dos usuários, minimiza riscos e contribui para o sucesso do produto e da organização como um todo.

1.2 Os papéis:

Papel dos testes de software:

O papel dos testes de software é crucial para garantir a qualidade e confiabilidade de um produto ou sistema de software.

Os testes desempenham diversas funções ao longo do ciclo de vida do desenvolvimento de software, incluindo:

Identificação de defeitos: Os testes são projetados para encontrar defeitos ou falhas no software. Ao realizar uma ampla variedade de testes, como testes funcionais, testes de desempenho, testes de segurança, entre outros, os profissionais de Q.A. (Garantia de Qualidade) conseguem detectar problemas no software, como erros de programação, comportamento inesperado, falhas de funcionalidade, entre outros.

Validação de requisitos: Os testes de software ajudam a validar se o software está atendendo aos requisitos especificados. Eles são projetados para verificar se todas as funcionalidades estão implementadas corretamente e se o software está se comportando conforme o esperado em diferentes cenários.

Melhoria da qualidade: Ao identificar defeitos e problemas no software, os testes permitem que a equipe de desenvolvimento tome as medidas necessárias para corrigi-los. Isso resulta em uma melhoria contínua da qualidade do software, tornando-o mais confiável, estável e seguro.

Prevenção de erros: Realizar testes de software durante o processo de desenvolvimento ajuda a prevenir a ocorrência de erros e falhas no futuro. Ao testar cada componente individualmente e sua integração, os testes identificam possíveis problemas antecipadamente, permitindo que sejam corrigidos antes que afetem a funcionalidade geral do sistema.

Confiança do usuário: Testes de software bem executados fornecem aos usuários uma experiência confiável. Isso aumenta a confiança dos usuários no produto, uma vez que eles sabem que o software foi cuidadosamente testado e é capaz de funcionar corretamente em diferentes cenários.

Suporte à tomada de decisão: Os resultados dos testes fornecem informações valiosas para a equipe de desenvolvimento e os stakeholders. Com base nos resultados dos testes, é possível avaliar a qualidade do software, identificar áreas problemáticas e tomar decisões informadas sobre ajustes, melhorias ou lançamento do produto.

Papel da qualidade de software:

A qualidade de software desempenha um papel fundamental no processo de desenvolvimento e implantação de aplicações tecnológicas. Garantir que um software atenda aos requisitos estabelecidos, seja confiável, seguro, eficiente e capaz de satisfazer as necessidades dos usuários é essencial para o sucesso de um projeto.

A importância da Qualidade de Software

A qualidade de software é crucial para a satisfação dos usuários e a reputação da empresa ou organização responsável pelo desenvolvimento do software. Um produto de qualidade insatisfatória pode resultar na perda de confiança dos usuários, afetando negativamente a imagem da empresa e levando a prejuízos financeiros significativos.

Além disso, a qualidade de software tem um impacto direto na experiência do usuário. Um software com falhas frequentes, erros de funcionamento ou baixo desempenho frustra os usuários e compromete a eficiência e a produtividade das tarefas realizadas. Por outro lado, um software de qualidade proporciona uma experiência satisfatória, aumentando a satisfação dos usuários e contribuindo para o sucesso da aplicação.

A implantação da Qualidade de Software

A implantação eficaz da qualidade de software requer a adoção de práticas e processos bem definidos ao longo de todo o ciclo de vida do desenvolvimento de software. Algumas etapas cruciais incluem:

Requisitos claros e bem definidos: Estabelecer requisitos claros desde o início é fundamental para garantir que o software atenda às expectativas dos usuários. Isso envolve uma comunicação efetiva entre os stakeholders e a equipe de desenvolvimento, além de um processo sólido de análise e documentação dos requisitos.

Testes e validação: A execução de testes rigorosos é essencial para identificar e corrigir falhas no software. Isso inclui testes de unidade, testes de integração, testes de sistema e testes de aceitação, entre outros. A automação de testes também desempenha um papel importante na eficiência e eficácia dos processos de teste.

Gerenciamento de mudanças: Acompanhar e gerenciar as mudanças ao longo do ciclo de vida do software é crucial para evitar problemas e manter a estabilidade e a qualidade do produto final. Isso envolve a utilização de práticas como controle de versão, rastreamento de problemas e implementação de processos de gerenciamento de mudanças.

Melhoria contínua: A busca constante pela melhoria contínua é um pilar da qualidade de software. Isso implica analisar e aprender com os erros, coletar feedback dos usuários, realizar revisões e auditorias periódicas, e implementar ações corretivas e preventivas para aprimorar o processo de desenvolvimento e a qualidade do software.

Em resumo, os testes de software dentro de Q.A. desempenham um papel crítico na identificação de defeitos, validação de requisitos, melhoria da qualidade, prevenção de erros, criação de confiança do usuário e suporte à tomada de decisão. Eles são essenciais para garantir que o software atenda às expectativas de qualidade e desempenho, resultando em produtos de software mais robustos e confiáveis

1.3 Processo de teste de software:

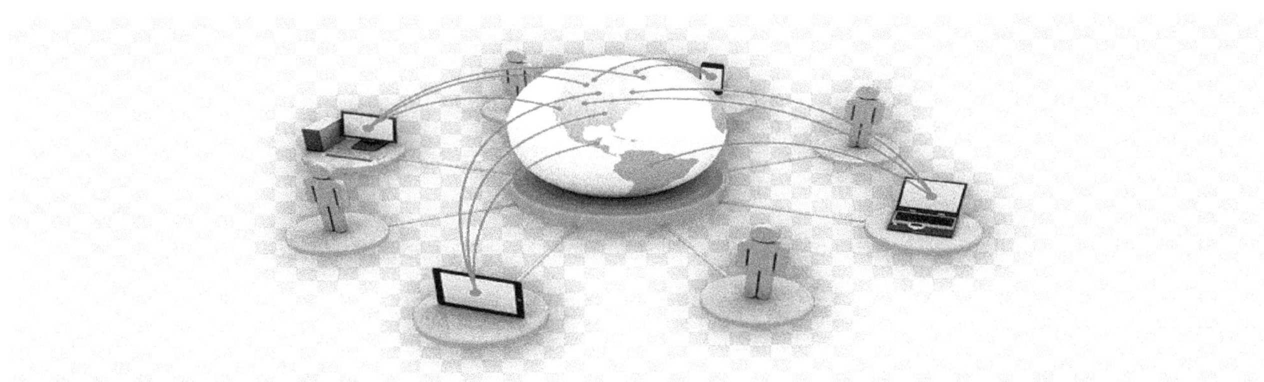

O processo de teste de software é uma série de atividades planejadas e estruturadas que têm como objetivo verificar a qualidade de um produto de software. Embora as etapas exatas possam variar de acordo com as metodologias e abordagens específicas utilizadas, geralmente **o processo de teste envolve as seguintes etapas:**

Planejamento de Testes: Nesta etapa, são definidos os objetivos e a abordagem geral para o teste. São identificados os requisitos, definidos os critérios de aceitação e elaborado um plano de testes. Também é feita a identificação dos recursos necessários, como equipe, ambientes de teste e ferramentas.

Análise de Requisitos e Design de Testes: Com base nos requisitos do software, os testadores analisam e identificam os cenários de teste. São definidos casos de teste específicos que abrangem todas as funcionalidades e comportamentos do sistema a serem testados. O design de testes também pode incluir a definição de dados de teste e a criação de scripts de teste, quando aplicável.

Preparação do Ambiente de Teste: É importante garantir que o ambiente de teste esteja configurado corretamente para realizar os testes. Isso pode envolver a instalação e configuração do software de teste, criação de bancos de dados de teste e criação de ambientes de teste replicando o ambiente de produção, se necessário.

Execução de Testes: Nesta etapa, os casos de teste são executados conforme planejado. Os resultados dos testes são registrados, e qualquer defeito ou falha identificado é relatado aos desenvolvedores para que possam ser corrigidos.

Avaliação e Análise dos Resultados: Os resultados dos testes são analisados para avaliar a qualidade do software. É verificado se o software está funcionando conforme o esperado, se atende aos requisitos e se não há defeitos críticos. Caso sejam encontrados problemas, são registrados e rastreados para garantir que sejam resolvidos.

Reteste e Regressão: Após a correção de defeitos, é realizado o reteste para garantir que as correções tenham sido efetivas e não tenham causado impactos indesejados em outras áreas do sistema. Também é realizada a regressão, na qual os testes anteriores são executados novamente para garantir que as correções não tenham introduzido novos defeitos.

Relatório de Teste e Encerramento: Um relatório de teste é elaborado para documentar os resultados dos testes, incluindo os casos de teste executados, os defeitos encontrados e sua resolução. O processo de teste é encerrado quando os critérios de saída, como a cobertura de testes adequada e a estabilidade do sistema, são atingidos.

É importante destacar que o processo de teste pode ser iterativo e contínuo, especialmente em metodologias ágeis, onde os testes são incorporados desde as fases iniciais do desenvolvimento e ocorrem em paralelo com as atividades de desenvolvimento.

O processo de teste de software envolve planejamento, análise de requisitos, execução de testes, análise de resultados, reteste e regressão, além da documentação dos resultados. Esse processo visa

1.4 Tipos de testes de software

Existem vários tipos de testes de software que são realizados durante o processo de garantia de qualidade. Cada tipo de teste tem um objetivo específico e aborda diferentes aspectos do software. A seguir, estão alguns dos **tipos de testes de software mais comuns:**

Testes de Unidade: Esses testes são focados nas partes individuais do software, como funções, métodos ou componentes específicos. O objetivo é garantir que cada unidade de código funcione corretamente isoladamente.

Testes de Integração: Os testes de integração verificam a interação e a comunicação entre diferentes componentes do software. O objetivo é identificar problemas de integração e garantir que os componentes trabalhem juntos de maneira adequada.

Testes Funcionais: Os testes funcionais são realizados para validar se o software atende aos requisitos e funcionalidades especificados. O objetivo é verificar se o software está funcionando conforme esperado, de acordo com o comportamento esperado em diferentes cenários.

Testes de Usabilidade: Esses testes avaliam a facilidade de uso, a intuitividade e a experiência do usuário do software. O objetivo é garantir que o software seja amigável e compreensível para os usuários, atendendo às suas necessidades e expectativas.

Testes de Desempenho: Os testes de desempenho avaliam o desempenho do software em relação a requisitos específicos, como tempo de resposta, capacidade de processamento, uso de recursos, escalabilidade e estabilidade sob carga.

Testes de Segurança: Esses testes têm como objetivo identificar vulnerabilidades e verificar a segurança do software. Eles envolvem a avaliação de possíveis ameaças, proteção de dados, autenticação, autorização e criptografia, entre outros aspectos relacionados à segurança.

Testes de Compatibilidade: Os testes de compatibilidade verificam se o software é compatível com diferentes sistemas operacionais, navegadores, dispositivos e ambientes. O objetivo é garantir que o software funcione corretamente em diferentes plataformas e configurações.

Testes de Regressão: Esses testes são realizados para garantir que as alterações recentes no software não tenham introduzido novos defeitos ou afetado áreas funcionais previamente testadas. Os testes de regressão são executados após modificações no software para garantir que os recursos existentes ainda estejam funcionando corretamente.

Testes de Aceitação do Usuário: Esses testes envolvem a participação dos usuários finais ou de representantes dos usuários para validar se o software atende aos requisitos e expectativas do usuário. O objetivo é obter feedback direto dos usuários antes do lançamento do software.

Testes de Manutenção: Esses testes são realizados após modificações, correções de defeitos ou atualizações do software para garantir que as alterações tenham sido aplicadas corretamente e não tenham afetado outras áreas do sistema.

Esses são apenas alguns dos tipos de testes de software mais comuns, e é comum que uma combinação deles seja utilizada durante o processo de garantia de qualidade, dependendo das necessidades e requisitos do projeto.

1.5 Estratégias de teste

Existem várias estratégias de teste que podem ser aplicadas para garantir uma cobertura abrangente e eficaz durante o processo de teste de software.

Algumas das **estratégias mais comumente utilizadas são:**

Teste de Caixa Preta: Nessa estratégia, o testador não tem conhecimento interno do sistema e foca apenas nas entradas e saídas do software. Os testes são baseados em requisitos funcionais e são projetados para verificar se o software produz os resultados esperados.

Teste de Caixa Branca: Ao contrário do teste de caixa-preta, nessa estratégia o testador possui conhecimento interno do sistema, incluindo a estrutura de código, a lógica de programação e os caminhos de execução. Os testes são projetados para verificar a correta execução do código, a cobertura de código e a detecção de falhas lógicas.

Teste de Regressão: Essa estratégia é utilizada quando modificações ou correções são feitas no software. Os testes de regressão são executados para garantir que as alterações não tenham introduzido novos defeitos e que as funcionalidades existentes continuem funcionando conforme o esperado.

Teste de Aceitação do Usuário: Nessa estratégia, os testes são conduzidos com base nos requisitos e expectativas dos usuários finais. Os usuários ou representantes dos usuários participam dos testes para validar se o software atende às suas necessidades e expectativas antes do lançamento.

Teste de Desempenho: Essa estratégia envolve a avaliação do desempenho do software em relação a requisitos específicos, como tempo de resposta, capacidade de processamento e estabilidade sob carga. Os testes de desempenho são realizados para identificar gargalos e problemas de escalabilidade.

Teste de Segurança: Nessa estratégia, os testes são focados em identificar vulnerabilidades e verificar a segurança do software. Os testes de segurança envolvem a avaliação de possíveis ameaças, proteção de dados, autenticação, autorização e criptografia, entre outros aspectos relacionados à segurança.

Teste de Compatibilidade: Essa estratégia é utilizada para verificar se o software é compatível com diferentes sistemas operacionais, navegadores, dispositivos e ambientes. Os testes de compatibilidade garantem que o software funcione corretamente em diversas plataformas e configurações.

Teste de Carga: Essa estratégia envolve a execução de testes para avaliar o comportamento do software sob condições de carga e estresse extremas. O objetivo é identificar limites de capacidade, problemas de desempenho e possíveis falhas em situações de alto tráfego ou demanda intensa.

Essas são apenas algumas das estratégias de teste mais comuns. A escolha da estratégia adequada depende das características do projeto, dos requisitos do software e dos objetivos de teste estabelecidos. Muitas vezes, uma combinação de estratégias é adotada para obter uma cobertura abrangente e eficaz dos testes de software.

Capítulo 2: Planejamento de Testes

2.1.1 – Geral de planejamento de testes:

O planejamento de testes de software é uma etapa essencial no ciclo de desenvolvimento de software, que visa garantir a qualidade do produto final por meio de uma abordagem estruturada e organizada para executar atividades de teste eficientes.

Um dos primeiros passos no planejamento de testes é definir os objetivos dos testes. Isso envolve identificar claramente quais aspectos do software serão testados e os resultados esperados. Os objetivos podem incluir a verificação da funcionalidade correta do software, a detecção de defeitos e erros, a validação dos requisitos do sistema e a avaliação do desempenho e da segurança.

Em seguida, é necessário determinar a estratégia de testes adequada para atender aos objetivos definidos. Isso inclui selecionar as técnicas e abordagens de teste apropriadas, como testes de unidade, testes de integração, testes de sistema e testes de aceitação. A estratégia também pode envolver a escolha de ferramentas e tecnologias específicas para facilitar a execução dos testes.

Outro aspecto crucial do planejamento de testes é a alocação de recursos adequados. Isso envolve identificar a equipe de teste e seus respectivos papéis e responsabilidades. A equipe de teste pode incluir testadores, coordenadores de testes, analistas de qualidade e outros profissionais envolvidos no processo. Além disso, é importante determinar o ambiente de teste necessário, incluindo hardware, software e outras ferramentas necessárias para executar os testes de maneira eficaz.

Um elemento essencial no planejamento de testes é o estabelecimento de um cronograma de testes realista. Isso envolve definir datas de início e conclusão para os diferentes tipos de teste, considerando as dependências entre as atividades de teste e outras etapas do projeto. Também é necessário alocar tempo suficiente para a execução dos testes, revisões de resultados, correção de defeitos e retestes, se necessário. O cronograma deve levar em conta os prazos e restrições do projeto, bem como a disponibilidade dos recursos de teste.

Além disso, é fundamental documentar o plano de testes e outros artefatos relevantes. Isso inclui elaborar um documento que descreva detalhadamente a estratégia de teste, objetivos, escopo, abordagens, recursos e cronograma. Também é necessário desenvolver casos de teste detalhados, que incluam dados de entrada, ações a serem executadas, resultados esperados e critérios de aprovação. Planos de contingência também podem ser elaborados para lidar com situações inesperadas ou mudanças de planos durante o processo de teste.

2.1.2 Estabelecendo objetivos e requisitos de teste:

Para estabelecer objetivos e requisitos de testes efetivos, é importante seguir algumas etapas fundamentais:

Compreender os requisitos do sistema: Analise os requisitos do sistema e do software para entender completamente as funcionalidades, comportamentos e metas do projeto. Isso inclui a compreensão dos requisitos funcionais e não funcionais, bem como das expectativas dos usuários finais.

Definir os objetivos de teste: Com base nos requisitos identificados, estabeleça os objetivos de teste claros e específicos. Por exemplo, os objetivos podem incluir a verificação da funcionalidade correta, a identificação de problemas de desempenho ou a validação da usabilidade do software. Os objetivos devem ser mensuráveis e alcançáveis.

Identificar as necessidades de cobertura: Determine as áreas críticas do sistema que devem ser cobertas pelos testes. Isso pode ser feito por meio da análise de riscos, identificando as funcionalidades de alto impacto, as áreas com maior probabilidade de falhas ou os requisitos de conformidade específicos.

Definir critérios de aceitação: Estabeleça critérios claros de aceitação para cada objetivo de teste. Isso define os padrões que o software deve atender para ser considerado aprovado nos testes. Por exemplo, pode ser definido um critério de aceitação de que 95% dos casos de teste devem passar com sucesso.

Estabelecer prioridades: Avalie a importância e a urgência de cada objetivo de teste para estabelecer prioridades. Isso ajudará a direcionar os recursos e esforços de teste para as áreas críticas e garantir uma cobertura adequada dentro do prazo disponível.

Documentar os requisitos de teste: Registre os requisitos e objetivos de teste em um documento formal, como uma especificação de teste ou plano de teste. Isso permite que toda a equipe de teste, incluindo testadores e desenvolvedores, tenha uma compreensão clara do que deve ser testado e quais são as expectativas.

Revisar e iterar: Realize revisões regulares dos requisitos e objetivos de teste para garantir que eles estejam atualizados e alinhados com as mudanças no sistema. À medida que o projeto avança, é possível que novos requisitos surjam ou que os objetivos precisem ser ajustados com base nas descobertas dos testes anteriores.

É fundamental que os objetivos e requisitos de teste sejam comunicados efetivamente a toda a equipe envolvida no processo de teste, para garantir uma compreensão compartilhada e um trabalho alinhado em direção aos mesmos objetivos.

2.2 Criação de um plano de teste eficaz:

A criação de um plano de teste eficaz é essencial para garantir que todas as atividades de teste sejam executadas de forma estruturada e abrangente. Um plano bem elaborado ajuda a maximizar a cobertura dos testes, identificar os recursos necessários e estabelecer um cronograma realista. Aqui estão os principais pontos a serem considerados ao criar um plano de teste eficaz:

Objetivos do teste: Defina claramente os objetivos do teste, como garantir a qualidade do software, validar requisitos, identificar defeitos ou avaliar o desempenho. Isso ajudará a direcionar todas as atividades de teste.

Escopo do teste: Determine o escopo do teste, ou seja, quais partes do software serão testadas e quais serão excluídas. Defina as funcionalidades, módulos ou componentes a serem abordados nos testes.

Estratégia de teste: Escolha a estratégia de teste mais adequada com base nas características do projeto, requisitos e restrições. Isso pode incluir testes de caixa-preta, caixa branca, regressão, exploratórios, entre outros.

Casos de teste: Elabore casos de teste detalhados para cada funcionalidade ou requisito a ser testado. Certifique-se de cobrir diferentes cenários, incluindo casos positivos e negativos. Os casos de teste devem ser claros, específicos e mensuráveis.

Recursos e cronograma: Identifique os recursos necessários para realizar os testes, como hardware, software, ambientes de teste e equipe de testes. Estime o tempo necessário para cada atividade de teste e estabeleça um cronograma realista.

Critérios de entrada e saída: Defina critérios claros para iniciar e concluir os testes. Por exemplo, os critérios de entrada podem ser a conclusão do desenvolvimento de determinada funcionalidade, e os critérios de saída podem ser a execução bem-sucedida de todos os casos de teste.

Abordagem de relatórios: Determine como os resultados dos testes serão documentados e relatados. Defina os formatos e as métricas a serem utilizados para comunicar o progresso e os problemas encontrados durante o teste.

Riscos e problemas: Identifique os riscos potenciais que podem afetar o processo de teste e crie planos de contingência para mitigar esses riscos. Além disso, estabeleça um processo para relatar e acompanhar os problemas encontrados durante os testes.

Revisões e aprovações: Estabeleça um processo para revisar e obter aprovação do plano de teste por parte das partes interessadas, como a equipe de desenvolvimento, gerentes de projeto e clientes.

Atualizações e ajustes: Reconheça que o plano de teste pode precisar ser ajustado ao longo do tempo à medida que novos requisitos ou mudanças no projeto surjam. Mantenha o plano atualizado e revise-o periodicamente para garantir sua eficácia contínua.

Ao seguir essas diretrizes, você estará preparado para criar um plano de teste eficaz que aborde adequadamente os objetivos do projeto e as necessidades de teste, garantindo a qualidade do software.

2.3 Seleção de técnicas e ferramentas de teste

A seleção adequada de técnicas e ferramentas de teste desempenha um papel crucial no sucesso do processo de teste. Existem várias técnicas e ferramentas disponíveis, e escolher as mais adequadas depende das características do projeto, dos requisitos de teste e das restrições. Aqui estão algumas etapas para selecionar as técnicas e ferramentas de teste adequadas:

Entenda os requisitos e restrições do projeto: Analise os requisitos do software e identifique os principais aspectos a serem testados, como funcionalidades específicas, comportamento esperado, requisitos de desempenho, segurança, usabilidade, entre outros. Além disso, leve em consideração restrições como orçamento, prazos, recursos disponíveis e habilidades da equipe.

Avalie as técnicas de teste disponíveis: Familiarize-se com diferentes técnicas de teste, como testes de caixa-preta, caixa branca, testes funcionais, testes de desempenho, testes de segurança, testes de usabilidade, entre outros. Compreenda as características, vantagens e desvantagens de cada técnica.

Identifique a adequação das técnicas às necessidades do projeto: Avalie qual técnica de teste é mais apropriada para o seu projeto com base nos requisitos, escopo e características do software. Por exemplo, se o software tem uma interface de usuário complexa, os testes de usabilidade podem ser uma prioridade. Se a segurança é uma preocupação, os testes de segurança devem ser considerados.

Pesquise e avalie as ferramentas de teste disponíveis: Existem várias ferramentas de teste disponíveis no mercado, desde ferramentas de automação de teste até ferramentas de gerenciamento de defeitos. Pesquise e avalie as ferramentas que atendam aos requisitos do projeto, como a capacidade de automatizar testes, relatar defeitos, gerenciar casos de teste e integrar-se com outras ferramentas utilizadas na organização.

Considere os recursos e as habilidades da equipe: Leve em consideração os recursos e habilidades da equipe de teste ao selecionar as técnicas e ferramentas. Avalie se a equipe possui o conhecimento necessário para utilizar efetivamente as ferramentas selecionadas e se há recursos disponíveis para implementá-las.

Faça um piloto ou prova de conceito: Antes de adotar uma técnica ou ferramenta de teste em todo o projeto, faça um piloto ou prova de conceito para avaliar sua eficácia e adaptabilidade ao ambiente de teste específico. Isso ajudará a identificar possíveis problemas e garantir que a técnica ou ferramenta selecionada atenda às expectativas.

Considere o custo-benefício: Avalie o custo-benefício das técnicas e ferramentas selecionadas. Considere não apenas o custo financeiro, mas também fatores como o esforço necessário para implementar, aprender e manter as ferramentas de teste.

Lembre-se de que a seleção de técnicas e ferramentas de teste é um processo contínuo. À medida que o projeto progride e novas necessidades surgem, é importante revisar e ajustar as escolhas feitas inicialmente. A evolução das tecnologias e das melhores práticas de teste também pode influenciar

2.4 Definição de critérios de aceitação

A definição de critérios de aceitação é fundamental para determinar quando um software ou funcionalidade está pronto para ser considerado aceito e liberado para uso. Esses critérios estabelecem os padrões e requisitos que o software deve atender para ser considerado satisfatório.

Aqui estão algumas etapas para definir critérios de aceitação eficazes:

Compreenda os requisitos do cliente: Analise os requisitos do cliente e identifique os principais elementos que devem ser atendidos pelo software. Isso pode incluir funcionalidades específicas, comportamentos esperados, desempenho, segurança, usabilidade, entre outros aspectos relevantes.

Identifique os critérios quantitativos e qualitativos: Defina critérios mensuráveis e objetivos que permitam avaliar se o software atende aos requisitos estabelecidos. Isso pode incluir critérios como tempo de resposta máximo, taxa de erro aceitável, número de funcionalidades implementadas, entre outros. Além disso, considere critérios qualitativos, como a facilidade de uso, a experiência do usuário e a conformidade com padrões de design.

Estabeleça critérios de aceitação claros e específicos: Crie critérios de aceitação que sejam claros, específicos e mensuráveis. Evite declarações vagas ou ambíguas que possam levar a interpretações diferentes. Os critérios devem ser compreensíveis tanto para a equipe de desenvolvimento quanto para os stakeholders envolvidos no processo de aceitação.

Priorize os critérios de acordo com a importância: Classifique os critérios de aceitação de acordo com sua importância relativa. Isso ajudará a estabelecer uma hierarquia de requisitos, permitindo que os esforços de teste sejam direcionados adequadamente.

Defina os critérios de rejeição: Além dos critérios de aceitação, identifique também os critérios que levariam à rejeição do software. Estabeleça limites claros para problemas críticos ou não conformidades graves que não podem ser aceitos. Isso ajuda a evitar ambiguidades e define um limite para a qualidade aceitável do software.

Envolve as partes interessadas: Certifique-se de que as partes interessadas, como os clientes, usuários finais e equipe de desenvolvimento, estejam envolvidas na definição dos critérios de aceitação. Isso ajuda a garantir que as expectativas e necessidades de todas as partes sejam consideradas.

Documente e compartilhe os critérios de aceitação: Registre de forma clara e documente os critérios de aceitação estabelecidos. Compartilhe essas informações com a equipe de desenvolvimento, equipe de teste e demais envolvidos no projeto. Isso proporciona clareza e serve como referência durante o processo de teste e aceitação.

Lembre-se de que os critérios de aceitação podem ser iterativos e evoluir ao longo do projeto à medida que os requisitos e as expectativas mudam. É importante revisar e atualizar regularmente os critérios de aceitação para garantir que eles permaneçam relevantes e alinhados com as necessidades do software e dos stakeholders

Capítulo 3: Testes de Unidade e Integração

3.1 Compreendendo os testes de unidade

Os testes de unidade, também conhecidos como testes unitários, são uma técnica de teste de software que visa verificar o funcionamento correto e isolado de unidades individuais de código. Uma unidade de código pode ser uma função, um método, uma classe ou até mesmo um pequeno componente do sistema.

A seguir, estão alguns pontos-chave para compreender os testes de unidade:

Escopo: Os testes de unidade concentram-se em testar partes isoladas do código, sem depender de outras partes do sistema. Isso é possível porque as dependências externas são substituídas por objetos simulados ou substitutos chamados "mocks" ou "stubs". O objetivo é testar o comportamento da unidade de **código de forma independente**.

Cobertura abrangente: Os testes de unidade têm como objetivo alcançar uma cobertura abrangente das unidades de código. Isso significa que cada unidade deve ser testada em diferentes cenários e casos de teste, garantindo que todas as linhas de código sejam executadas e todos os caminhos lógicos sejam percorridos.

Automatização: Os testes de unidade são tipicamente automatizados, usando frameworks de teste específicos, como JUnit (para Java), NUnit (para .NET), pytest (para Python), entre outros. A automação permite executar os testes repetidamente, integrá-los a um pipeline de integração contínua e obter resultados consistentes e confiáveis.

Isolamento: É importante isolar as unidades de código durante os testes de unidade para garantir que quaisquer falhas ou problemas sejam identificados na própria unidade em teste, sem serem afetados por outras partes do sistema. Isso é geralmente alcançado por meio do uso de mocks ou stubs para substituir as dependências externas.

Test-Driven Development (TDD): Os testes de unidade são frequentemente usados em conjunto com a abordagem de desenvolvimento orientado a testes (TDD). Nessa abordagem, os testes de unidade são escritos antes mesmo da implementação do código. Isso ajuda a garantir que o código seja projetado para ser testável, além de fornecer feedback imediato sobre a funcionalidade em desenvolvimento.

Benefícios: Os testes de unidade trazem diversos benefícios, como identificar erros no código em estágios iniciais do desenvolvimento, facilitar a manutenção e a refatoração do código, melhorar a qualidade do software, fornecer uma documentação viva do comportamento do código e promover a confiança na estabilidade do sistema.

Limitações: É importante destacar que os testes de unidade não são capazes de identificar todos os problemas em um sistema complexo. Outros tipos de testes, como testes de integração e testes de sistema, também são necessários para garantir o correto funcionamento do software em seu ambiente real.

Em resumo, os testes de unidade são testes automatizados que verificam o funcionamento isolado de unidades de código. Eles são essenciais para garantir a qualidade do software, identificar problemas precocemente e facilitar a manutenção do código.

3.2 Implementação de testes de unidade eficazes:

A implementação de testes de unidade eficazes requer uma abordagem cuidadosa e atenção aos detalhes. Aqui estão algumas práticas recomendadas para garantir a **eficácia dos testes de unidade**:

Escreva testes antes de implementar o código: Siga a abordagem do Test-Driven Development (TDD) e escreva os testes de unidade antes de começar a implementar o código. Isso ajuda a definir claramente o comportamento esperado e a garantir que o código seja testável desde o início.

Seja abrangente na cobertura de casos de teste: Certifique-se de cobrir diferentes cenários e casos de teste relevantes para a unidade de código em questão. Isso inclui testar casos normais, limites, valores inválidos e situações excepcionais. Quanto mais abrangente for a cobertura de casos de teste, maior a confiança na qualidade do código.

Mantenha os testes independentes e isolados: Cada teste de unidade deve ser independente e não deve depender de outros testes. Isso garante que os resultados dos testes não sejam afetados por interferências externas e facilita a identificação de problemas específicos na unidade de código em teste.

Use mocks e stubs adequadamente: Ao lidar com dependências externas, como acesso a banco de dados ou serviços web, use mocks ou stubs para isolar a unidade de código. Isso permite que você se concentre exclusivamente no teste da unidade em si, sem depender do comportamento correto das dependências externas.

Execute os testes regularmente: Automatize a execução dos testes de unidade e integre-os ao seu pipeline de integração contínua. Isso garante que os testes sejam executados regularmente e automaticamente, fornecendo feedback rápido sobre problemas introduzidos pelo novo código ou alterações.

Verifique a legibilidade e a manutenibilidade dos testes: Escreva testes de unidade de forma clara e legível, utilizando nomes descritivos para os testes e asserções. Mantenha os testes simples e concisos. Isso facilita a leitura, a compreensão e a manutenção dos testes no futuro.

Atualize os testes à medida que o código evolui: À medida que o código muda e evolui, atualize os testes de unidade correspondentes para refletir as alterações. Certifique-se de que os testes continuem relevantes e eficazes à medida que o código é atualizado ou refatorado.

Utilize ferramentas apropriadas: Utilize frameworks de testes apropriados para a linguagem de programação que está sendo utilizada. Esses frameworks oferecem recursos e funcionalidades específicos para facilitar a escrita, execução e análise dos testes de unidade.

Lembre-se de que os testes de unidade são apenas uma parte do processo de teste e devem ser complementados por outros tipos de testes, como testes de integração e testes de sistema, para garantir a qualidade do software como um todo.

3.3 Integração de componentes e testes de integração

A integração de componentes e os testes de integração são etapas cruciais no processo de teste de software. Essas atividades têm como objetivo verificar a interação correta entre diferentes componentes do sistema, garantindo que eles funcionem em conjunto de acordo com as especificações. Aqui estão alguns pontos importantes a serem considerados na integração de componentes e nos testes de integração:

Identificação das interfaces: Antes de iniciar os testes de integração, é fundamental identificar as interfaces entre os componentes que serão integrados. Essas interfaces podem ser APIs, chamadas de funções, trocas de mensagens, entre outros. Compreender as interfaces é crucial para estabelecer os pontos de integração e definir os cenários de teste.

Planejamento dos testes de integração: Elabore um plano de teste que abranja os diferentes cenários de integração entre os componentes. Isso inclui determinar a sequência de integração, identificar dependências entre os componentes, estabelecer as entradas e saídas esperadas e definir critérios de aceitação para cada cenário.

Abordagem incremental: A integração de componentes pode ser feita de forma incremental, começando com a integração de alguns componentes-chave e, em seguida, adicionando gradualmente os demais. Essa abordagem permite identificar e resolver problemas de integração à medida que eles surgem, facilitando o diagnóstico e a correção de erros.

Definição de ambientes de teste: Garanta que você tenha ambientes de teste adequados para realizar os testes de integração. Isso pode incluir a configuração de ambientes separados para simular o ambiente de produção, bem como a configuração de dados de teste relevantes para cada cenário de integração.

Uso de mocks e stubs: Durante os testes de integração, é comum que alguns componentes ainda não estejam disponíveis ou estejam em desenvolvimento. Nesses casos, utilize mocks ou stubs para simular o comportamento desses componentes e permitir a continuidade dos testes de integração.

Validação de fluxos de dados e comunicação: Nos testes de integração, verifique se os dados estão sendo transferidos corretamente entre os componentes integrados. Isso inclui a validação dos fluxos de entrada e saída, a verificação da correta comunicação entre os componentes e a confirmação de que os dados estão sendo processados de acordo com as regras de negócio estabelecidas.

Monitoramento e registro de problemas: Durante os testes de integração, é importante monitorar e registrar quaisquer problemas ou erros encontrados. Isso ajudará na identificação de problemas recorrentes, no rastreamento das causas raiz e na documentação dos problemas para que possam ser corrigidos.

Testes de regressão: Após a integração de componentes, realize testes de regressão para garantir que as alterações não tenham introduzido regressões em funcionalidades previamente testadas e funcionando corretamente.

Os testes de integração são essenciais para identificar problemas de interoperabilidade e integração entre os componentes do sistema. Eles garantem que os componentes funcionem em harmonia, proporcionando uma

Capítulo 4: Testes Funcionais e Não Funcionais

4.1 Testes funcionais: garantindo a conformidade com requisitos

Os testes funcionais são uma parte importante do processo de teste de software, pois têm como objetivo garantir que o software atenda aos requisitos funcionais especificados. Esses testes visam validar se as funcionalidades do sistema estão sendo implementadas corretamente e se estão de acordo com as expectativas do usuário. Aqui estão alguns pontos-chave **sobre os testes funcionais**:

Análise dos requisitos: Para realizar os testes funcionais, é essencial ter uma compreensão clara dos requisitos funcionais do software. Isso inclui identificar as funcionalidades específicas a serem testadas e os critérios de sucesso para cada uma delas.

Criação de casos de teste: Com base nos requisitos, crie casos de teste que cubram diferentes cenários de uso e comportamentos esperados. Os casos de teste devem ser elaborados de forma clara e abrangente, considerando os dados de entrada, ações do usuário e resultados esperados.

Execução de testes positivos e negativos: Ao elaborar os casos de teste, certifique-se de incluir tanto os testes positivos (quando as funcionalidades devem funcionar corretamente) quanto os testes negativos (quando as funcionalidades devem falhar ou retornar resultados inesperados). Isso ajuda a verificar a conformidade do sistema em diferentes situações.

Validação dos resultados: Durante a execução dos testes funcionais, é importante comparar os resultados obtidos com os resultados esperados. Verifique se o comportamento do sistema está de acordo com os requisitos estabelecidos e se os resultados são consistentes com as expectativas do usuário.

Rastreamento e relatórios de defeitos: Ao identificar problemas durante os testes funcionais, registre-os em um sistema de gerenciamento de defeitos ou em uma planilha para acompanhamento posterior. Forneça informações detalhadas sobre o problema encontrado, incluindo passos de reprodução, dados de entrada e mensagens de erro, se aplicável.

Teste de regressão: À medida que novas funcionalidades são adicionadas ou alterações são feitas no software, é importante realizar testes de regressão nos testes funcionais existentes para garantir que as alterações não tenham impactado negativamente as funcionalidades previamente testadas e funcionando corretamente.

Automação de testes funcionais: Quando apropriado, considere a automação dos testes funcionais. A automação de testes pode ajudar a acelerar o processo de teste, aumentar a cobertura e fornecer resultados mais consistentes. Utilize ferramentas de automação de testes adequadas para gravar, executar e analisar os testes funcionais automatizados.

Colaboração com stakeholders: Mantenha uma comunicação aberta com os stakeholders, como a equipe de desenvolvimento, analistas de negócios e usuários finais, para garantir que os testes funcionais reflitam adequadamente as necessidades e expectativas do sistema.

Os testes funcionais desempenham um papel fundamental na garantia da qualidade do software, pois ajudam a validar se as funcionalidades implementadas estão em conformidade com os requisitos e atendem às expectativas dos usuários.

4.2 Testes de usabilidade: focando na experiência do usuário:

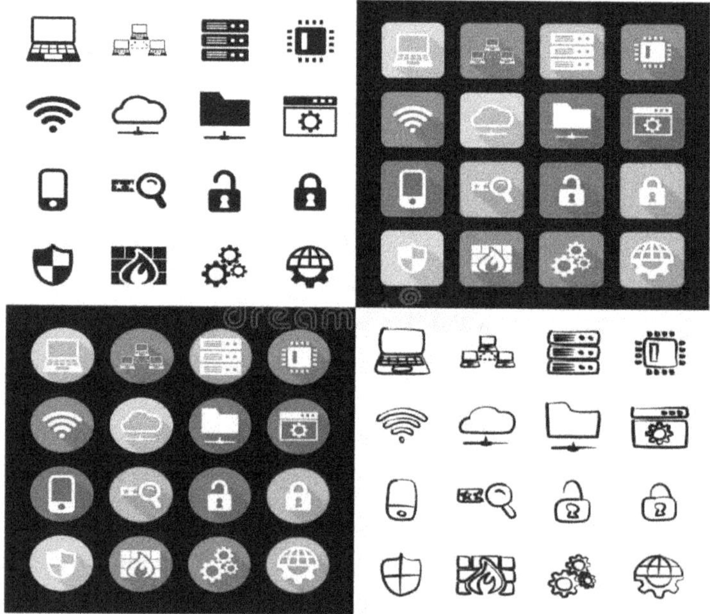

Os testes de usabilidade são uma parte essencial do processo de teste de software, pois têm como objetivo avaliar a facilidade de uso e a experiência do usuário com o sistema. Esses testes são projetados para identificar problemas de usabilidade e fornecer insights valiosos sobre como melhorar a interação entre o usuário e o software. Aqui estão alguns pontos-chave sobre os testes de usabilidade:

Definição de critérios de usabilidade: Antes de iniciar os testes de usabilidade, é importante estabelecer critérios claros para avaliar a usabilidade do sistema. Isso pode incluir aspectos como eficiência, facilidade de aprendizado, eficácia, satisfação do usuário e conformidade com padrões de usabilidade.

Identificação dos perfis de usuário: Para obter resultados mais relevantes, é importante identificar os perfis de usuário que representam o público-alvo do sistema. Os testes devem ser realizados com usuários reais ou representativos para obter feedback realista sobre a usabilidade.

Criação de cenários de teste realistas: Baseado nos perfis de usuário, crie cenários de teste realistas que abordem as principais tarefas e fluxos de trabalho do sistema. Esses cenários devem refletir situações reais em que os usuários interagem com o software.

Observação direta dos usuários: Durante os testes de usabilidade, é importante observar diretamente os usuários enquanto eles interagem com o sistema. Isso permite capturar suas ações, reações e dificuldades em tempo real. Faça anotações detalhadas e registre problemas ou sugestões de melhoria.

Coleta de feedback e opiniões dos usuários: Além da observação direta, é valioso coletar o feedback dos usuários sobre a usabilidade do sistema. Isso pode ser feito por meio de questionários, entrevistas ou discussões pós-teste. O feedback dos usuários pode fornecer informações valiosas sobre sua percepção, experiência e sugestões de melhoria.

Análise de métricas de desempenho: Além das observações qualitativas, utilize métricas de desempenho para medir a eficiência e a eficácia do sistema. Isso pode incluir tempo de conclusão de tarefas, taxa de erros, facilidade de aprendizado, entre outras métricas relevantes.

Iteração e refinamento: Com base nos resultados dos testes de usabilidade, itere e refine o design e a interação do sistema. Faça as alterações necessárias para resolver os problemas identificados e melhorar a experiência do usuário. Testes adicionais podem ser realizados para validar as melhorias implementadas.

Colaboração com designers e desenvolvedores: Os testes de usabilidade devem ser uma atividade colaborativa, envolvendo a equipe de design e desenvolvimento do software. A colaboração entre as equipes ajuda a incorporar as descobertas dos testes de usabilidade no processo de design e implementação, garantindo que as melhorias sejam adequadamente incorporadas ao sistema.

Os testes de usabilidade são fundamentais para garantir que o software seja intuitivo, fácil de usar e proporcione uma experiência agradável aos usuários. Eles fornecem informações valiosas para aprimorar a usabilidade e a experiência.

4.3 Testes de desempenho: avaliando o desempenho do sistema

Os testes de desempenho são uma forma de avaliar e medir a capacidade de um sistema de software lidar com carga e estresse sob diferentes condições. Esses testes visam identificar possíveis gargalos de desempenho, avaliar a escalabilidade do sistema e garantir que ele atenda aos requisitos de desempenho estabelecidos. Aqui estão alguns pontos-chave sobre os testes de desempenho:

Definição de critérios de desempenho: Antes de iniciar os testes, é importante estabelecer critérios claros de desempenho. Isso pode incluir tempo de resposta máximo, taxa de transferência, escalabilidade, capacidade de manipulação de carga, uso eficiente de recursos, entre outros aspectos relevantes para o sistema em questão.

Identificação dos cenários de teste: Com base nos requisitos e nos perfis de uso do sistema, identifique os cenários de teste que representem as condições de carga e estresse realistas. Isso pode incluir simulações de usuários concorrentes, transações simultâneas, picos de tráfego, entre outros.

Ferramentas de teste de desempenho: Utilize ferramentas de teste de desempenho adequadas para a execução dos testes. Existem várias ferramentas disponíveis, como Apache JMeter, LoadRunner, Gatling, entre outras, que permitem simular a carga, monitorar o desempenho e gerar relatórios detalhados.

Monitoramento do sistema durante os testes: Durante a execução dos testes de desempenho, monitore cuidadosamente o sistema para coletar dados relevantes sobre o desempenho em tempo real. Isso pode incluir métricas como tempo de resposta, taxa de transferência, utilização de recursos (CPU, memória, rede), latência, entre outros.

Análise dos resultados e identificação de gargalos: Analise os resultados dos testes para identificar gargalos de desempenho, pontos fracos e limitações do sistema. Isso pode envolver a identificação de recursos ou componentes específicos que estão limitando o desempenho do sistema e afetando negativamente a resposta aos usuários.

Otimização e ajustes: Com base nos resultados dos testes de desempenho, faça as otimizações e ajustes necessários no sistema. Isso pode incluir a identificação e correção de problemas de codificação, ajustes de configuração, escalabilidade de recursos, melhoria de algoritmos, entre outros.

Testes de carga contínua: Os testes de desempenho não devem ser realizados apenas uma vez. Eles devem fazer parte de um processo contínuo de teste, permitindo a detecção precoce de problemas de desempenho à medida que o sistema evolui e é atualizado. Integre os testes de desempenho ao ciclo de desenvolvimento e realize-os regularmente à medida que novas funcionalidades são adicionadas.

Simulação de condições reais: Ao realizar os testes de desempenho, procure simular as condições de uso reais do sistema. Considere fatores como a variação do número de usuários, tipos de solicitações, volumes de dados, variações de tráfego e padrões de uso. Isso ajuda a garantir que os testes reflitam o ambiente real em que o sistema será implantado e usado.

Os testes de desempenho são cruciais para garantir que o sistema seja capaz de lidar com a carga e o estresse esperados, oferecendo uma experiência satisfatória aos usuários. Identificar e resolver problemas de desempenho antes da implantação do sistema pode evitar interrupções e insatisfação dos usuários.

4.4 Testes de segurança: protegendo contra ameaças:

Os testes de segurança são uma parte crítica do processo de teste de software, pois visam identificar vulnerabilidades e proteger o sistema contra ameaças de segurança. Esses testes são projetados para avaliar a robustez e a resistência do software a possíveis ataques, garantindo a proteção dos dados e a integridade do sistema. Aqui estão alguns pontos-chave sobre os testes de segurança:

Identificação das ameaças: Antes de iniciar os testes de segurança, é importante identificar as ameaças potenciais que o sistema pode enfrentar. Isso pode incluir ataques de injeção, cross-site scripting (XSS), ataques de negação de serviço (DoS), entre outros. Compreender as possíveis ameaças ajuda a focar os testes e identificar as vulnerabilidades relevantes.

Testes de penetração: Os testes de penetração, também conhecidos como testes de "ethical hacking", são uma abordagem comum para avaliar a segurança do sistema. Nesse tipo de teste, profissionais de segurança tentam explorar vulnerabilidades para acessar informações sensíveis ou comprometer o sistema. Esses testes podem ser realizados internamente ou com a ajuda de especialistas externos em segurança.

Análise de vulnerabilidades: Realize análises de vulnerabilidades para identificar possíveis falhas de segurança. Isso pode envolver a utilização de ferramentas automatizadas de verificação de vulnerabilidades ou revisões manuais do código-fonte em busca de práticas inseguras ou vulnerabilidades conhecidas.

Autenticação e controle de acesso: Verifique se os mecanismos de autenticação e controle de acesso estão implementados corretamente. Isso inclui a validação de senhas, gerenciamento de sessões, restrição de acesso a recursos sensíveis e proteção contra ataques de força bruta.

Proteção de dados: Garanta que as informações sensíveis sejam adequadamente protegidas. Isso inclui a criptografia de dados em trânsito e em repouso, proteção contra vazamento de informações, gerenciamento seguro de senhas e práticas adequadas de proteção de dados pessoais.

Testes de injeção: Verifique se o sistema está protegido contra-ataques de injeção, como SQL injection, XSS e comandos remotos. Teste as entradas do usuário em busca de tentativas de explorar vulnerabilidades de injeção.

Monitoramento de atividades suspeitas: Durante os testes de segurança, monitore o sistema em busca de atividades suspeitas, tentativas de invasão ou comportamentos anormais. Isso pode ajudar a identificar ataques em tempo real e tomar medidas corretivas imediatas.

Atualização e correção de vulnerabilidades: Ao identificar vulnerabilidades de segurança, tome medidas imediatas para corrigi-las e atualizar o sistema. Mantenha-se atualizado com as correções de segurança fornecidas pelos fornecedores e implemente patches de segurança regularmente.

Os testes de segurança são essenciais para garantir que o sistema seja robusto e resistente a ameaças. Identificar e corrigir vulnerabilidades de segurança antes que sejam exploradas por atacantes é fundamental para proteger os dadosee a integridade do sistema, bem como para manter a confiança dos usuários. Além dos testes de segurança durante o desenvolvimento, é importante realizar testes regulares de segurança ao longo do ciclo de vida do software, à medida que novas ameaças e vulnerabilidades surgem.

4.5 Testes de compatibilidade: garantindo a compatibilidade com diferentes plataformas:

Os testes de compatibilidade são uma parte importante do processo de teste de software, pois garantem que o sistema seja compatível e funcione corretamente em diferentes plataformas, sistemas operacionais, navegadores, dispositivos e configurações de hardware. Esses testes são essenciais para garantir uma experiência consistente para os usuários, independentemente das suas preferências de plataforma. Aqui estão alguns pontos-chave sobre os **testes de compatibilidade**:

Identificação das plataformas alvo: Comece identificando as plataformas e configurações relevantes para o seu sistema. Isso pode incluir diferentes sistemas operacionais, versões específicas de navegadores, dispositivos móveis ou até mesmo ambientes de nuvem. Compreender as plataformas alvo é fundamental para garantir que os testes de compatibilidade sejam abrangentes.

Testes em diferentes navegadores: Verifique se o sistema funciona corretamente nos principais navegadores, como Google Chrome, Mozilla Firefox, Microsoft Edge, Safari, entre outros. Teste as funcionalidades, a formatação, a aparência e o comportamento geral do sistema em cada navegador.

Testes em diferentes sistemas operacionais: Verifique se o sistema é compatível com diferentes sistemas operacionais, como Windows, macOS, Linux, iOS e Android. Teste as funcionalidades específicas do sistema operacional, bem como a integração com recursos do sistema, como notificações, compartilhamento de arquivos e permissões.

Testes em diferentes dispositivos: Considere testar o sistema em diferentes dispositivos, incluindo smartphones, tablets e desktops. Verifique se a interface do usuário é responsiva e se adapta corretamente a diferentes tamanhos de tela, resoluções e orientações.

Testes de interoperabilidade: Verifique se o sistema é compatível com outras tecnologias ou sistemas com os quais precisa se integrar. Isso pode incluir sistemas de terceiros, APIs, bancos de dados ou serviços web. Garanta que a comunicação e a integração entre o seu sistema e outros sistemas sejam eficazes e sem problemas.

Testes de internacionalização e localização: Se o seu sistema for destinado a usuários de diferentes regiões ou idiomas, verifique se ele é compatível com diferentes idiomas, caracteres, formatos de data/hora e convenções culturais. Garanta que a interface do usuário seja localizada adequadamente e que não haja problemas de exibição ou interpretação de texto.

Testes de acessibilidade: Verifique se o sistema é acessível para pessoas com deficiências, como usuários com problemas de visão, audição ou mobilidade. Certifique-se de seguir as diretrizes de acessibilidade, como o WCAG (Web Content Accessibility Guidelines), e teste o sistema com tecnologias assistivas, como leitores de tela.

Automatização dos testes de compatibilidade: Considere a automação dos testes de compatibilidade para agilizar o processo e aumentar a cobertura. Existem ferramentas disponíveis que podem ajudar na execução de testes em diferentes plataformas e configurações, tornando o processo mais eficiente e consistente.

Os testes de compatibilidade são fundamentais para garantir que o sistema funcione corretamente em diversas plataformas e configurações, proporcionando uma experiência consistente e satisfatória para os usuários. Ao considerar a

Capítulo 5: Automação de Testes

5.1 Benefícios e desafios da automação de testes

A automação de testes traz uma série de benefícios para o processo de teste de software, mas também apresenta alguns desafios. Aqui estão os principais benefícios e desafios da automação de testes:

Benefícios da automação de testes:

Eficiência e economia de tempo: A automação de testes permite a execução rápida e repetitiva de casos de teste, economizando tempo significativo em comparação com os testes manuais. Isso possibilita uma maior cobertura de testes em um menor período de tempo.

Repetibilidade e consistência: Os testes automatizados são executados de maneira consistente, seguindo os mesmos passos e critérios em cada execução. Isso garante resultados confiáveis e consistentes, reduzindo a possibilidade de erros humanos.

Cobertura abrangente: A automação de testes facilita a execução de uma ampla variedade de casos de teste, aumentando a cobertura de testes e permitindo a detecção de problemas mais cedo no ciclo de desenvolvimento.

Reutilização de casos de teste: Os casos de teste automatizados podem ser reutilizados em diferentes ciclos de desenvolvimento, permitindo que sejam executados repetidamente em várias versões do software. Isso economiza tempo na criação de novos casos de teste para cada ciclo de desenvolvimento.

Detecção precoce de defeitos: A automação de testes permite identificar defeitos e problemas de forma mais rápida, muitas vezes antes mesmo da implantação do software. Isso possibilita correções mais rápidas e reduz o impacto dos defeitos no ambiente de produção.

Melhoria da qualidade do software: Com testes automatizados, é possível alcançar uma maior confiabilidade e qualidade do software, uma vez que os casos de teste são executados de maneira mais consistente e abrangente.

Execução de testes complexos: A automação de testes permite executar testes complexos que seriam difíceis ou demorados de serem realizados manualmente, como testes de desempenho, carga e estresse.

Desafios da automação de testes:

Investimento inicial e custos contínuos: A automação de testes requer um investimento inicial em termos de recursos humanos, ferramentas de automação e infraestrutura de testes. Além disso, existem custos contínuos de manutenção, atualização e treinamento da equipe de teste.

Complexidade da automação: A automação de testes pode ser complexa, especialmente para sistemas grandes e complexos. Requer conhecimentos técnicos e habilidades de programação, o que pode ser um desafio para os membros da equipe de teste com menos experiência em automação.

Manutenção dos scripts de teste: À medida que o software evolui, os scripts de teste automatizados precisam ser atualizados e mantidos. Alterações no software podem exigir ajustes nos scripts existentes, aumentando a carga de trabalho de manutenção.

Limitações da automação: Nem todos os tipos de testes podem ser totalmente automatizados. Alguns cenários de teste, como testes de usabilidade e testes de experiência do usuário, requerem avaliação humana e não podem ser completamente automatizados.

Dependência de ambientes estáveis: A automação de testes também depende da estabilidade do ambiente proposto para os testes a serem executados.

5.2 Seleção de ferramentas de automação de testes

A seleção de ferramentas de automação de testes é um passo importante no processo de automação. Existem várias opções disponíveis, cada uma com suas próprias características e funcionalidades. Aqui estão algumas considerações para ajudar na seleção das ferramentas de automação de testes:

Requisitos de automação: Comece avaliando seus requisitos de automação. Considere o tipo de aplicativo ou sistema que será testado, as plataformas e tecnologias envolvidas, e os tipos de testes que você pretende automatizar (testes funcionais, de desempenho, de segurança, etc.).

Compatibilidade: Verifique se a ferramenta de automação é compatível com as tecnologias e plataformas que você está utilizando. Certifique-se de que ela suporta os navegadores, sistemas operacionais, linguagens de programação e frameworks de desenvolvimento que você está usando.

Facilidade de uso: Avalie a facilidade de uso da ferramenta. Ela possui uma interface intuitiva e amigável? A curva de aprendizado é razoável para a sua equipe? Considere a experiência e habilidades técnicas dos membros da equipe de teste ao escolher uma ferramenta.

Recursos e funcionalidades: Analise os recursos e funcionalidades oferecidos pela ferramenta de automação. Verifique se ela oferece suporte para registros de teste, geração de relatórios, integração com ferramentas de gerenciamento de defeitos, execução paralela, integração contínua, entre outros recursos que possam ser importantes para o seu processo de teste.

Comunidade e suporte: Verifique a existência de uma comunidade ativa em torno da ferramenta de automação. Uma comunidade engajada pode fornecer suporte, tutoriais, exemplos e soluções para problemas comuns. Além disso, verifique se a empresa que desenvolve a ferramenta oferece suporte técnico e atualizações regulares.

Custo: Avalie o custo da ferramenta em relação ao seu orçamento. Considere se a ferramenta requer uma licença paga ou se possui uma versão gratuita ou de código aberto. Além disso, leve em consideração os custos adicionais, como treinamento, suporte técnico e manutenção.

Integração com outras ferramentas: Considere a capacidade da ferramenta de automação de integrar-se com outras ferramentas usadas no seu processo de desenvolvimento e teste. Isso pode incluir ferramentas de gerenciamento de projetos, ferramentas de controle de versão, frameworks de teste, entre outros.

Avaliações e feedback: Pesquise avaliações e feedback de outros usuários sobre as ferramentas que você está considerando. Isso pode ajudar a obter insights sobre a experiência de outros profissionais na utilização dessas ferramentas.

Lembre-se de que a seleção da ferramenta de automação de testes deve ser baseada nas necessidades específicas do seu projeto e nas características da sua equipe

5.3 Estratégias e melhores práticas de automação de testes

A automação de testes eficaz requer a adoção de estratégias e melhores práticas para garantir resultados confiáveis e maximizar o valor dos testes automatizados. Aqui estão algumas estratégias e **melhores práticas para a automação de testes**:

Identifique os casos de teste adequados para automação: Nem todos os casos de teste são adequados para automação. Priorize os casos de teste que são repetitivos, demorados ou propensos a erros quando executados manualmente. Casos de teste complexos ou que exigem interação humana podem não ser adequados para automação.

Planeje a automação desde o início: Integre a automação de testes ao longo do ciclo de vida do desenvolvimento de software. Inicie a automação cedo para obter benefícios a longo prazo. Isso inclui a criação de uma estratégia de automação, a definição de metas e o planejamento dos recursos necessários.

Escolha a ferramenta adequada: Selecione a ferramenta de automação de testes que melhor atenda às necessidades do seu projeto. Considere os requisitos de automação, a compatibilidade com as tecnologias usadas e as funcionalidades oferecidas pela ferramenta. Avalie também a curva de aprendizado e o suporte disponível.

Projete uma arquitetura de automação robusta: Planeje a estrutura da automação com atenção para criar uma base sólida para os testes automatizados. Utilize padrões e boas práticas de desenvolvimento de software, como a separação de dados de teste e lógica de teste, a modularização dos casos de teste e a reutilização de componentes.

Mantenha os testes automatizados atualizados: À medida que o software evolui, os testes automatizados precisam ser atualizados para refletir as mudanças no sistema. Mantenha uma abordagem de desenvolvimento ágil para a automação, atualizando e reexecutando os testes conforme necessário.

Utilize técnicas de espera inteligente (smart waiting): Evite tempos de espera fixos nos testes automatizados, optando por técnicas de espera inteligente. Aguarde por eventos específicos no sistema, como elementos sendo carregados ou processos concluídos, para avançar nos testes.

Priorize a manutenção e a depuração: Reserve tempo para a manutenção contínua dos testes automatizados. Corrija falhas, atualize os testes conforme necessário e depure problemas encontrados durante a execução dos testes.

Execute os testes automatizados regularmente: Integre a execução dos testes automatizados no seu processo de integração contínua (CI) ou em um cronograma regular. Isso permitirá a detecção precoce de problemas e fornecerá feedback rápido sobre a qualidade do software.

Acompanhe as métricas de automação: Meça e acompanhe as métricas relacionadas à automação de testes, como a cobertura de testes, o tempo de execução dos testes e a taxa de sucesso dos testes. Isso ajudará a avaliar a eficácia da automação e identificar áreas de melhoria.

Invista em treinamento e colaboração: Capacite a equipe de teste com treinamento adequado em automação de testes. Encoraje a colaboração entre os membros da equipe de teste e desenvolvimento para compartilhar conhecimentos e experiências. Promova uma cultura de aprendizado contínuo e incentivando a troca de ideias sobre automação de testes.

Lembrando que a automação de testes é um processo contínuo e iterativo. Ajuste e refine suas estratégias e práticas à medida que o projeto evolui e novos desafios surgem. Mantenha-se atualizado sobre as tendências e tecnologias emergentes na área de automação de testes para garantir que suas práticas estejam alinhadas com as melhores abordagens da indústria;

5.4 Execução e manutenção de casos de teste automatizados:

A execução e manutenção de casos de teste automatizados são etapas essenciais para garantir que os testes automatizados sejam eficazes e permaneçam atualizados ao longo do tempo. Aqui estão algumas práticas recomendadas para a execução e manutenção de **casos de teste automatizados**:

Execução de casos de teste automatizados:

Planeje a execução dos testes: Defina um cronograma para a execução dos casos de teste automatizados. Isso pode incluir a execução regular dos testes como parte de um processo de integração contínua ou a execução em momentos específicos, como antes de um lançamento importante.

Automatize o processo de execução: Utilize ferramentas ou frameworks de automação de testes que permitam a execução automatizada dos casos de teste. Isso reduz o esforço manual e garante a consistência na execução dos testes.

Configure ambientes de teste: Garanta que os ambientes de teste estejam corretamente configurados e prontos para a execução dos testes automatizados. Isso pode envolver a configuração de bancos de dados de teste, servidores de aplicativos, simulação de serviços externos, entre outros.

Monitore a execução dos testes: Acompanhe a execução dos testes automatizados para garantir que eles sejam concluídos com êxito. Monitore as métricas de execução, como o tempo de execução, o número de testes passados/falhados e eventuais erros ou problemas encontrados durante a execução.

Gere relatórios de execução: Crie relatórios detalhados sobre a execução dos testes automatizados. Isso inclui informações sobre os testes executados, os resultados obtidos, os erros encontrados e quaisquer outras métricas relevantes. Esses relatórios fornecem visibilidade sobre o estado dos testes e podem ser úteis para análise posterior.

Manutenção de casos de teste automatizados:

Atualize os casos de teste conforme necessário: À medida que o software evolui e muda, é importante manter os casos de teste automatizados atualizados. Atualize os casos de teste para refletir as alterações nas funcionalidades, interfaces de usuário, fluxos de trabalho, entre outros.

Corrija falhas e problemas: Monitore os resultados dos testes automatizados e identifique quaisquer falhas ou problemas encontrados. Corrija os casos de teste relevantes e ajuste a automação para resolver essas falhas.

Revisão regular dos casos de teste: Realize revisões regulares dos casos de teste automatizados para garantir sua eficácia contínua. Verifique se eles estão bem estruturados, compreensíveis e alinhados aos requisitos do sistema.

Gerencie dados de teste: Mantenha os dados de teste atualizados e relevantes para a execução dos casos de teste automatizados. Isso pode envolver a criação de conjuntos de dados de teste específicos e a atualização desses dados conforme necessário.

Refatore a automação: À medida que a base de código do software evolui, é importante refatorar a automação para manter um código limpo e de fácil manutenção. Identifique oportunidades de melhorar a estrutura, modularidade e reutilização dos componentes de automação.

Realize regressão de teste: Tanto micro como macro regressões para manter códigos íntegros, inalterados / afetados por correções ou implantações.

Capítulo 6: Gerenciamento de Defeitos,

6.1 Identificação, registro e acompanhamento de defeitos

A identificação, registro e acompanhamento de defeitos são etapas cruciais no processo de teste de software. Aqui estão algumas práticas recomendadas para lidar com defeitos de forma eficaz:

Identificação de defeitos:

Execute testes abrangentes: Realize testes detalhados e abrangentes para identificar o maior número possível de defeitos. Utilize técnicas de testes funcionais, não funcionais, de usabilidade e outros tipos de testes relevantes para obter uma cobertura completa.

Registre os defeitos imediatamente: Assim que um defeito for identificado, registre-o imediatamente em um sistema de rastreamento de defeitos. Inclua informações detalhadas sobre o defeito, como a descrição do problema, a reprodução passo a passo, os dados de entrada utilizados e outras informações relevantes.

Classifique e priorize os defeitos: Aplique uma classificação adequada aos defeitos identificados com base em sua gravidade e impacto no sistema. Priorize os defeitos mais críticos que afetam a funcionalidade essencial do software ou representam um risco significativo para os usuários.

Registro de defeitos:

Forneça informações claras e detalhadas: Ao registrar um defeito, seja claro e conciso ao descrever o problema. Inclua informações suficientes para que outros membros da equipe possam entender e reproduzir o defeito.

Anexe evidências e arquivos relevantes: Se possível, anexe evidências, como capturas de tela, registros de erros, saídas do sistema ou arquivos de log que ajudem a ilustrar e investigar o defeito.

Atribua prioridade e estado: Atribua uma prioridade adequada ao defeito com base em sua gravidade e impacto. Além disso, atribua um estado ao defeito, como "aberto", "atribuído", "em andamento" ou "corrigido", para acompanhar o progresso do tratamento.

Acompanhamento de defeitos:

Comunique-se regularmente sobre o status dos defeitos: Mantenha os membros da equipe informados sobre o status e o progresso dos defeitos. Comunique-se regularmente, seja por meio de reuniões, atualizações por e-mail ou ferramentas de colaboração, para garantir que todos estejam cientes do estado dos defeitos.

Defina prazos e responsabilidades: Estabeleça prazos para a correção dos defeitos e atribua responsabilidades claras aos membros da equipe para garantir que os defeitos sejam tratados dentro do cronograma.

Realize testes de regressão: Após a correção de um defeito, execute testes de regressão para verificar se a correção não introduziu novos defeitos ou afetou outras partes do sistema.

Fechamento de defeitos: Após a confirmação de que um defeito foi corrigido e verificado, feche-o no sistema de rastreamento de defeitos. Forneça informações adicionais, se necessário, como a versão do software em que o defeito foi corrigido.

Análise de tendências: Analise os defeitos registrados para identificar tendências e padrões. Isso pode ajudar a identificar áreas problemáticas do software ou problemas recorrentes, permitindo ações corretivas adequadas.

6.2 Priorização e resolução de defeitos:

A priorização e resolução de defeitos são etapas cruciais para garantir que os problemas identificados durante o teste de software sejam tratados de forma eficaz. Aqui estão algumas práticas recomendadas para priorizar e resolver defeitos:

Priorização de defeitos:

Classifique os defeitos com base em sua gravidade: Avalie a gravidade e o impacto dos defeitos com base em critérios pré-definidos. Defina uma escala de prioridade, como alta, média e baixa, ou use uma classificação numérica para ajudar na priorização.

Considere o impacto no usuário e no sistema: Priorize os defeitos que afetam diretamente a funcionalidade essencial do software ou representam um risco significativo para os usuários. Defeitos que impactam a segurança, usabilidade, desempenho ou conformidade também devem ser considerados de alta prioridade.

Avalie a frequência e a ocorrência do defeito: Considere a frequência em que o defeito ocorre e o número de usuários afetados por ele. Defeitos que ocorrem com mais frequência ou afetam um grande número de usuários podem ter maior prioridade.

Leve em conta o contexto e o estágio do projeto: Considere o estágio atual do projeto e o contexto em que os defeitos foram encontrados. Defeitos encontrados durante fases críticas do projeto ou em áreas-chave podem receber prioridade mais alta.

Envolva partes interessadas relevantes: Consulte as partes interessadas relevantes, como gerentes de projeto, desenvolvedores e usuários finais, para obter suas perspectivas e insights sobre a priorização dos defeitos.

Resolução de defeitos:

Reproduza e investigue o defeito: Antes de resolver um defeito, é importante reproduzi-lo e investigar a causa raiz. Compreenda o cenário em que o defeito ocorre e colete informações relevantes para ajudar na sua resolução.

Atribua o defeito ao responsável apropriado: Atribua o defeito ao membro da equipe responsável por sua resolução. Mantenha uma comunicação clara sobre a atribuição e as expectativas em relação ao prazo e à qualidade da resolução.

Documente detalhadamente a correção: Quando um defeito é resolvido, documente detalhadamente a correção realizada. Inclua informações sobre as alterações feitas, o código modificado, os testes realizados e os resultados obtidos.

Realize testes de regressão: Após a resolução de um defeito, execute testes de regressão para garantir que a correção não introduza novos problemas ou afete outras partes do sistema.

Feche o defeito: Após a confirmação de que o defeito foi corrigido e verificado, feche-o no sistema de rastreamento de defeitos. Forneça informações adicionais, se necessário, como a versão do software em que o defeito foi corrigido.

Monitore a eficácia da correção: Após o fechamento do defeito, monitore a eficácia da correção e verifique se o problema não ressurge em versões futuras do software.

É importante estabelecer um processo claro e bem definido para priorizar e resolver defeitos, garantindo uma abordagem consistente e eficiente. Além disso, é essencial manter uma comunicação aberta entre os membros da equipe de teste, desenvolvimento e gestão, para garantir que os defeitos sejam tratados de forma oportuna e adequada.

6.3 Métricas de qualidade e relatórios

As métricas de qualidade e relatórios desempenham um papel fundamental na avaliação e comunicação da qualidade do software durante o processo de teste. Aqui estão algumas métricas comuns de qualidade e práticas relacionadas à criação de relatórios:

Cobertura de testes: Mede a extensão em que os casos de teste planejados foram executados em relação ao total de casos de teste identificados. Isso ajuda a avaliar a abrangência dos testes realizados.

Taxa de defeitos encontrados: Calcula a proporção de defeitos identificados em relação ao total de casos de teste executados. Essa métrica indica a eficácia dos testes em encontrar problemas no software.

Severidade dos defeitos: Classifica os defeitos de acordo com sua gravidade, como alta, média ou baixa. Essa métrica auxilia na priorização dos defeitos e na avaliação do impacto no sistema.

Tempo médio de resolução de defeitos: Mede o tempo necessário para corrigir os defeitos desde o momento em que são registrados. Isso fornece insights sobre a eficiência do processo de correção de defeitos.

Taxa de retrabalho: Avalia a quantidade de retrabalho necessário para corrigir defeitos ou refazer partes do software. Uma alta taxa de retrabalho pode indicar problemas de qualidade ou processos inadequados.

Estabilidade do software: Mede a estabilidade do software por meio da contagem de falhas e erros encontrados durante um determinado período de tempo. Isso ajuda a identificar a confiabilidade do sistema.

Satisfação do usuário: Obtém feedback dos usuários sobre a experiência com o software. Isso pode ser coletado por meio de pesquisas, avaliações ou feedback direto dos usuários.

Relatórios de defeitos: Os relatórios de defeitos incluem informações detalhadas sobre cada defeito encontrado, como descrição, gravidade, passos para reprodução e status atual. Esses relatórios ajudam na comunicação e no acompanhamento dos defeitos.

Relatórios de resumo: Os relatórios de resumo fornecem uma visão geral da qualidade do software, incluindo métricas-chave, resultados dos testes, tendências e destaques. Eles são úteis para comunicar o estado da qualidade aos stakeholders e à equipe de gerenciamento.

Relatórios de tendências: Os relatórios de tendências rastreiam a evolução das métricas de qualidade ao longo do tempo. Isso ajuda a identificar padrões, melhorias ou áreas problemáticas que podem exigir atenção adicional.

Ao criar relatórios, é importante apresentar as informações de forma clara e concisa, usando gráficos, tabelas e visualizações relevantes. Os relatórios devem ser adaptados ao público-alvo, fornecendo informações significativas para diferentes stakeholders. A frequência e o formato dos relatórios devem ser definidos de acordo com as necessidades da equipe e do projeto.

Capítulo 7: Melhoria Contínua de Q.A. e Testes:

7.1 Avaliação do processo de teste e identificação de áreas de melhoria:

A avaliação do processo de teste e a identificação de áreas de melhoria são etapas cruciais para garantir a eficiência e a eficácia dos testes de software.

Aqui estão algumas práticas recomendadas para realizar essa avaliação e identificação de melhorias:

Defina critérios de avaliação: Estabeleça critérios claros para avaliar o processo de teste. Isso pode incluir métricas de qualidade, tempo de execução dos testes, cobertura de testes, taxa de defeitos encontrados, entre outros. Defina metas realistas e mensuráveis para cada critério.

Colete dados e feedback: Obtenha dados quantitativos e qualitativos sobre o processo de teste. Isso pode ser feito por meio de análise de métricas, revisão de resultados de testes, feedback da equipe de teste e dos desenvolvedores, e até mesmo envolvendo os usuários finais. Utilize questionários, entrevistas ou sessões de brainstorming para coletar informações relevantes.

Analise os resultados: Analise os dados e o feedback coletados para identificar padrões, tendências e áreas de melhoria. Identifique os pontos fortes e fracos do processo de teste, identifique gargalos ou obstáculos, e identifique oportunidades para melhorias significativas.

Priorize as áreas de melhoria: Com base na análise dos resultados, priorize as áreas de melhoria identificadas. Foque nos aspectos que terão o maior impacto na qualidade do software e na eficiência do processo de teste. Considere a viabilidade, o custo-benefício e a urgência das melhorias propostas.

Proponha ações corretivas: Desenvolva um plano de ação para implementar as melhorias identificadas. Defina metas específicas, ações concretas e responsabilidades claras. Priorize as ações de acordo com sua relevância e alinhe-as com o cronograma do projeto.

Implemente as melhorias: Execute o plano de ação, implementando as melhorias propostas. Monitore e acompanhe o progresso das ações corretivas, garantindo que sejam executadas de maneira adequada e dentro do prazo estabelecido.

Avalie os resultados: Após a implementação das melhorias, avalie os resultados obtidos. Analise novamente os critérios de avaliação definidos e compare os resultados antes e depois da implementação das melhorias. Isso ajudará a determinar o impacto das ações corretivas e identificar áreas adicionais que possam exigir atenção.

Aprenda e adapte: Utilize a avaliação do processo de teste como uma oportunidade de aprendizado contínuo. Compartilhe as lições aprendidas com a equipe e aplique os conhecimentos adquiridos em futuros projetos. Esteja aberto a ajustes e adaptações ao processo de teste, buscando sempre aprimorar e otimizar as práticas utilizadas.

Lembre-se de que a avaliação do processo de teste e a identificação de áreas de melhoria devem ser um esforço contínuo. À medida que o projeto evolui e novos desafios surgem, é importante revisar e ajustar o processo de teste para garantir a qualidade contínua do software.

7.2 Implementação de melhorias e práticas ágeis

Ao implementar melhorias e práticas ágeis no processo de teste de software, você pode aumentar a eficiência, a colaboração e a qualidade dos testes. Aqui estão algumas práticas e abordagens ágeis que podem ser úteis:

Integração contínua: Adote a prática de integração contínua, onde as alterações de código são integradas e testadas regularmente. Isso permite a detecção precoce de problemas e a rápida correção de defeitos.

Testes automatizados: Priorize a automação de testes para executar casos de testes repetitivos, permitindo que a equipe se concentre em tarefas mais complexas. Use ferramentas e frameworks de automação adequados para criar e executar testes automatizados de forma eficiente.

Testes exploratórios: Complemente os testes planejados com testes exploratórios, onde os membros da equipe de teste têm liberdade para explorar o software e descobrir problemas não documentados. Isso permite uma abordagem mais flexível e adaptável aos testes.

Sprints de teste: Planeje sprints de teste dentro do processo ágil, onde atividades de teste são integradas ao sprint de desenvolvimento. Isso promove uma colaboração estreita entre os desenvolvedores e a equipe de teste, garantindo que os testes sejam realizados em paralelo com o desenvolvimento.

Priorização do backlog de teste: Inclua itens relacionados aos testes no backlog de desenvolvimento e priorize-os junto com as funcionalidades a serem implementadas. Isso garante que os testes sejam considerados como parte integral do desenvolvimento e não sejam deixados para o final.

Revisões e retrospectivas: Realize revisões regulares dos resultados dos testes, envolvendo a equipe de desenvolvimento e outros stakeholders relevantes. Utilize essas revisões para identificar oportunidades de melhoria e adaptar as práticas de teste de acordo com os feedbacks recebidos.

Comunicação e transparência: Mantenha uma comunicação clara e transparente entre a equipe de desenvolvimento e a equipe de teste. Isso inclui compartilhar informações sobre testes realizados, resultados, defeitos encontrados e esforços de correção. Promova uma cultura de colaboração e compartilhamento de conhecimento.

Aprendizado contínuo: Incentive a aprendizagem contínua na equipe de teste, buscando o aprimoramento de habilidades e conhecimentos relacionados a práticas ágeis e testes de software. Realize treinamentos, workshops e compartilhamento de experiências para melhorar a capacidade da equipe de realizar testes de forma ágil e eficaz.

Ao implementar essas práticas ágeis, lembre-se de adaptá-las ao contexto e às necessidades específicas do seu projeto. Faça ajustes e refinamentos ao longo do tempo, buscando sempre melhorar a qualidade e a eficiência do processo de teste de software.

7.3 Aprendizado contínuo e atualização de habilidades

O aprendizado contínuo e a atualização de habilidades são fundamentais para profissionais de Q.A. e teste de software se manterem atualizados com as melhores práticas e tecnologias emergentes. Aqui estão algumas práticas recomendadas para promover o aprendizado contínuo e aprimorar as habilidades:

Mantenha-se atualizado com as tendências da indústria: Acompanhe as tendências, novidades e avanços na área de Q.A. e testes de software. Leia blogs, artigos, livros e participe de conferências e eventos relevantes. Esteja atento às tecnologias emergentes, metodologias ágeis, práticas de automação e outras áreas relacionadas.

Realize cursos e treinamentos: Busque cursos, workshops e treinamentos que sejam relevantes para a sua área de atuação. Existem diversas opções online e presenciais que abrangem desde fundamentos de Q.A. e testes até tópicos mais avançados, como automação de testes, testes de segurança e gerenciamento de testes.

Participe de comunidades e grupos de estudo: Junte-se a comunidades online ou grupos de estudo locais que compartilham interesses e conhecimentos em Q.A. e testes de software. Isso proporciona uma oportunidade de interagir com outros profissionais, trocar experiências, fazer perguntas e aprender com os desafios e soluções enfrentados por outros membros da comunidade.

Experimente novas tecnologias e ferramentas: Esteja disposto a experimentar novas tecnologias, frameworks e ferramentas de teste. Isso permite que você amplie seu conjunto de habilidades e esteja preparado para enfrentar diferentes desafios. Aproveite projetos pessoais ou experimentos em ambientes controlados para aprender e se familiarizar com essas novas tecnologias.

Participe de projetos desafiadores: Busque oportunidades para participar de projetos desafiadores que envolvam diferentes aspectos de Q.A. e testes de software. Isso proporciona experiência prática e permite que você desenvolva novas habilidades e competências.

Mentor e seja mentorado: Estabeleça relações de mentoramento com profissionais mais experientes na área ou com colegas que possam compartilhar conhecimentos específicos. Ao mesmo tempo, esteja disposto a compartilhar seu conhecimento com outros profissionais mais juniores. O mentoramento é uma excelente maneira de aprender e crescer profissionalmente.

Participe de eventos e conferências: Esteja presente em eventos e conferências relevantes da área de Q.A. e testes de software. Além de aprender com especialistas, você também terá a oportunidade de fazer networking, conhecer outras perspectivas e expandir sua visão sobre a área.

Aplique o aprendizado na prática: Procure oportunidades de aplicar o que aprendeu em projetos reais. Aplique novas técnicas, metodologias ou abordagens em seu trabalho diário e observe os resultados. Essa prática constante ajudará a solidificar seu aprendizado e aprimorar suas habilidades.

Lembre-se de que o aprendizado contínuo é um processo ao longo da carreira profissional. Mantenha-se curioso, esteja aberto a novas ideias e nunca pare de buscar conhecimento e desenvolvimento pessoal na

Capítulo 8: Tendências e Futuro de Q.A. e Testes de Software

8.1 Testes de inteligência artificial e aprendizado de máquina:

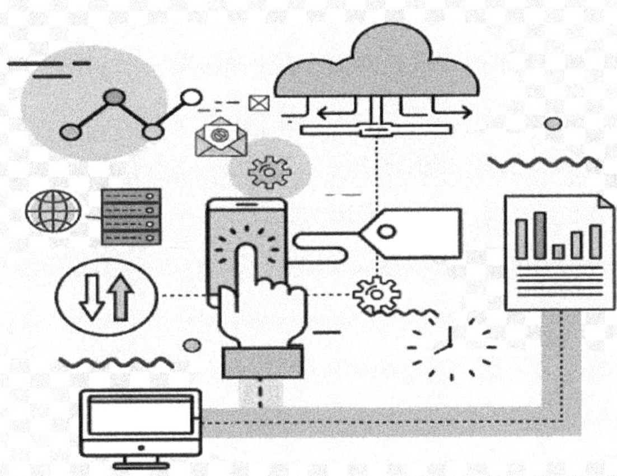

Os testes de inteligência artificial (IA) e aprendizado de máquina (ML) são uma área especializada no campo dos testes de software. Ao lidar com sistemas baseados em IA e ML, existem desafios únicos a serem considerados. Aqui estão algumas considerações sobre os testes de IA e ML:

Dados de treinamento: Os modelos de IA e ML dependem de dados de treinamento para aprender e tomar decisões. Portanto, é essencial garantir a qualidade e a representatividade dos conjuntos de dados de treinamento. Isso envolve a verificação da precisão, relevância e diversidade dos dados.

Testes de entrada: Os testes de IA e ML devem abordar diferentes cenários de entrada para garantir que o modelo seja capaz de lidar com uma ampla gama de dados. Isso pode incluir casos extremos, anomalias, dados ausentes ou cenários não previstos durante o treinamento.

Testes de saída: Verificar a qualidade e a precisão das saídas geradas pelo modelo de IA ou ML é essencial. Isso pode envolver a comparação dos resultados esperados com as previsões ou classificações fornecidas pelo modelo.

Monitoramento contínuo: Os modelos de IA e ML são suscetíveis a mudanças ao longo do tempo, pois podem se adaptar e aprender com novos dados. Portanto, é importante monitorar regularmente o desempenho do modelo em produção para garantir que ele esteja funcionando corretamente e mantendo a precisão.

Explicabilidade: À medida que os modelos de IA e ML se tornam mais complexos, a explicabilidade dos resultados se torna um desafio. É importante desenvolver abordagens e técnicas para entender e explicar as decisões tomadas pelo modelo, especialmente em setores onde a transparência é necessária, como serviços financeiros ou saúde.

Testes de robustez: Os modelos de IA e ML devem ser testados em relação à sua robustez, ou seja, sua capacidade de lidar com dados ruidosos, imprecisos ou maliciosos. Testes de adversidade e segurança são essenciais para garantir que o modelo não seja facilmente enganado ou explorado.

Automação de testes: A automação de testes desempenha um papel importante nos testes de IA e ML, permitindo a execução eficiente de cenários complexos e a verificação de grandes volumes de dados. Frameworks e ferramentas especializadas em testes de IA e ML podem ser utilizados para automatizar tarefas repetitivas.

Avaliação de métricas de desempenho: Além das métricas de qualidade tradicionais, como precisão e recall, podem ser necessárias métricas específicas para avaliar o desempenho de modelos de IA e ML, como F1-score, matriz de confusão ou curvas de aprendizado.

Os testes de IA e ML são uma área em constante evolução, à medida que as técnicas e os modelos avançam. É essencial acompanhar as tendências e as melhores práticas nesse campo para garantir a qualidade e a confiabilidade dos sistemas baseados em IA e ML

8.2 Automação avançada e DevOps:

A automação avançada e o DevOps são duas áreas que estão intimamente relacionadas quando se trata de testes de software. Aqui estão algumas considerações sobre a automação avançada e o seu papel no contexto do DevOps:

Automação do pipeline de testes: No contexto do DevOps, a automação avançada é usada para automatizar o pipeline de testes, permitindo a execução contínua e automatizada dos testes em diferentes estágios do ciclo de vida do software. Isso inclui testes de unidade, testes de integração, testes funcionais e outros tipos de testes.

Integração contínua e entrega contínua (CI/CD): A automação avançada é um componente-chave da integração contínua e entrega contínua. Isso envolve a automatização dos processos de compilação, empacotamento, implantação e testes, permitindo que as alterações de software sejam integradas e entregues rapidamente, com feedback imediato sobre a qualidade do software.

Infraestrutura como código: A automação avançada também se relaciona com a ideia de infraestrutura como código (IaC), em que a infraestrutura de teste, incluindo servidores, ambientes e configurações, é definida e gerenciada por meio de scripts e arquivos de configuração. Isso permite a criação rápida e consistente de ambientes de teste sob demanda.

Automação de testes funcionais: A automação avançada permite a automação dos testes funcionais, onde casos de teste são automatizados usando frameworks e ferramentas adequadas. Isso inclui a criação de scripts de teste automatizados, a execução de testes em diferentes plataformas e a geração automatizada de relatórios de testes.

Testes em ambientes virtualizados ou em nuvem: A automação avançada facilita a execução de testes em ambientes virtualizados ou em nuvem. Isso permite a criação rápida de instâncias de teste, escalabilidade sob demanda e a execução de testes em diferentes configurações de hardware e software.

Monitoramento e feedback contínuos: A automação avançada é usada para monitorar continuamente o desempenho e a qualidade do software em produção. Isso inclui o uso de ferramentas de monitoramento, registros de eventos e análise de métricas para fornecer feedback contínuo sobre o desempenho e a confiabilidade do sistema.

Integração de ferramentas de teste e infraestrutura: A automação avançada permite a integração e a orquestração de várias ferramentas de teste e infraestrutura, incluindo ferramentas de automação de testes, ferramentas de gerenciamento de configuração e ferramentas de provisionamento de infraestrutura. Isso promove a colaboração e a sincronização eficientes entre os diferentes componentes do pipeline de testes.

A automação avançada desempenha um papel essencial no DevOps, permitindo a entrega rápida, frequente e confiável de software de alta qualidade. Ao adotar práticas de automação avançada, as equipes de Q.A. e desenvolvimento podem colaborar de forma mais eficiente, melhorar a produto.

8.3 Testes em ambientes de nuvem e mobile:

Os testes em ambientes de nuvem e mobile são essenciais para garantir a qualidade e a compatibilidade do software em diferentes plataformas e dispositivos. Aqui estão algumas considerações sobre esses tipos de testes:

Testes em ambientes de nuvem:

Compatibilidade com diferentes provedores de nuvem: Teste o software em diferentes provedores de nuvem, como Amazon Web Services (AWS), Microsoft Azure ou Google Cloud Platform (GCP). Verifique se o software funciona corretamente em cada ambiente e se integra bem com os serviços específicos de cada provedor.

Escalabilidade e desempenho: Realize testes de carga e estresse em ambientes de nuvem para avaliar a capacidade do sistema de lidar com um grande número de usuários simultâneos e cargas de trabalho intensas. Isso é especialmente importante em cenários de alta demanda, como durante picos de tráfego ou eventos sazonais.

Segurança em nuvem: Realize testes de segurança em ambientes de nuvem para identificar vulnerabilidades e garantir que as melhores práticas de segurança estejam sendo seguidas. Isso inclui a verificação de configurações adequadas, proteção de dados, gerenciamento de identidade e acesso, entre outros aspectos relacionados à segurança em nuvem.

Testes de recuperação de desastres: Verifique a capacidade de recuperação do sistema em casos de falhas ou desastres em ambientes de nuvem. Teste cenários de recuperação, como falhas de instância, falhas de serviço ou interrupções de rede, para garantir que o sistema seja capaz de se recuperar adequadamente.

Testes em ambientes mobile:

Compatibilidade de plataforma: Teste o software em diferentes plataformas móveis, como iOS e Android, para garantir que funcione corretamente em cada uma delas. Verifique a aparência, o layout, a funcionalidade e a usabilidade em dispositivos móveis.

Testes de interoperabilidade: Verifique a interoperabilidade do software com diferentes versões do sistema operacional móvel, modelos de dispositivos e resoluções de tela. Isso garante que o aplicativo seja compatível com uma ampla variedade de dispositivos móveis.

Testes de desempenho e carga: Avalie o desempenho do aplicativo em diferentes condições, como conexões de rede variadas (Wi-Fi, 3G, 4G), cargas de trabalho intensas e restrições de recursos, como uso de CPU, memória e bateria.

Testes de usabilidade móvel: Avalie a usabilidade do aplicativo em dispositivos móveis, considerando fatores como tamanho da tela, recursos de entrada (toque, gestos) e restrições de interação. Verifique se a interface do usuário é intuitiva, responsiva e adequada para o contexto móvel.

Testes de segurança mobile: Realize testes de segurança específicos para aplicativos móveis, como análise de código estático, análise de vulnerabilidades, testes de autenticação e autorização, entre outros. Garanta que o aplicativo esteja protegido contra ameaças comuns em dispositivos móveis.

Testes de integração com recursos mobile: Verifique a integração do aplicativo com recursos específicos de dispositivos móveis, como câmera, GPS, acelerômetro, notificações push, entre outros. Certifique-se de que o aplicativo utilize corretamente esses recursos e que a integração funcione de maneira adequada.

Testes de atualizações de sistema operacional: Teste o aplicativo em novas versões do sistema operacional móvel para garantir a compatibilidade contínua. Verifique se todas as funcionalidades continuam funcionando corretamente após a atualização do sistema operacional.

Testes de usabilidade em diferentes dispositivos: Considere a variedade de dispositivos móveis disponíveis no mercado e teste o aplicativo em diferentes tamanhos de tela, resoluções e densidades de pixels. Certifique-se de que a experiência do usuário seja consistente e agradável em todos os dispositivos suportados.

Ao realizar testes em ambientes de nuvem e mobile, é importante considerar a diversidade de dispositivos, plataformas e cenários de uso. Utilize emuladores, simuladores e dispositivos físicos para abranger uma ampla gama de configurações e garantir uma cobertura abrangente de testes.

8.4 Garantia de qualidade em metodologias ágeis e DevSecOps

A garantia de qualidade em metodologias ágeis e DevSecOps é crucial para entregar software de alta qualidade de forma eficiente e segura. Aqui estão algumas considerações sobre a garantia de qualidade nessas abordagens:

Metodologias Ágeis:

Integração do teste desde o início: Na metodologia ágil, o teste é incorporado desde o início do processo de desenvolvimento. Os testadores trabalham em estreita colaboração com os desenvolvedores, participando de cerimônias ágeis, como planejamento de sprint, revisões de sprint e retrospectivas. Isso ajuda a identificar e corrigir problemas precocemente, aumentando a qualidade do software.

Testes automatizados contínuos: A automação de testes desempenha um papel fundamental nas metodologias ágeis. Os testes automatizados são executados regularmente, integrados ao pipeline de integração contínua (CI), permitindo uma rápida detecção de problemas. Isso ajuda a garantir que as funcionalidades existentes não sejam impactadas pelas mudanças e que o software esteja sempre em um estado de qualidade aceitável.

Testes de regressão contínua: Com as iterações rápidas nas metodologias ágeis, é importante realizar testes de regressão continuamente. Isso garante que as alterações recentes não afetem negativamente as funcionalidades existentes. A automação de testes é valiosa para agilizar os testes de regressão e garantir uma cobertura abrangente.

Testes de aceitação do usuário: Os testes de aceitação do usuário (UAT) são essenciais nas metodologias ágeis. Eles envolvem a participação do cliente ou do usuário final para verificar se o software atende aos requisitos e expectativas. Os testes de UAT são conduzidos em iterações curtas e são essenciais para garantir a entrega de valor ao cliente.

DevSecOps:

Segurança incorporada desde o início: Em DevSecOps, a segurança é considerada desde o início do ciclo de vida do desenvolvimento de software. Os princípios de segurança são integrados à arquitetura, ao código e aos processos. Os testes de segurança são realizados continuamente, incluindo análise estática de código, análise de vulnerabilidades e testes de penetração.

Automação de testes de segurança: A automação desempenha um papel fundamental nos testes de segurança em DevSecOps. Testes automatizados, como varreduras de segurança automatizadas, ajudam a identificar vulnerabilidades de forma mais rápida e eficiente. Isso permite que as equipes de desenvolvimento e segurança trabalhem em conjunto para corrigir os problemas identificados.

Monitoramento e detecção de ameaças: Em DevSecOps, o monitoramento contínuo do ambiente de produção é fundamental para detectar e responder a ameaças de segurança. Monitorar logs, métricas e comportamentos anômalos pode ajudar a identificar e mitigar rapidamente possíveis violações de segurança.

Educação e conscientização em segurança: A garantia de qualidade em DevSecOps requer uma cultura de segurança sólida. As equipes devem ser educadas e conscientizadas sobre as melhores práticas.

Referencial:

Lembre se aqui de ser um referencial, não uma bibliografia de relação imediata, esta lista abaixo trata-se de um referencial para os conceitos dispostos neste livro, assim você possuirá agoa uma lista de meus colegas e influenciadores.

Mas depois desta leitura, você pode se aprofundar em temais mais complexos, bem como pesquisar por eles.

Internacionais:

Autor: **Cem Kaner** é amplamente reconhecido como um especialista em teste de software. Seus livros, como "Testing Computer Software" e "**Lessons Learned in Software Testing**" (este último coescrito com **James Bach** e **Bret Pettichord**), fornecem uma visão abrangente sobre técnicas, estratégias e princípios de teste de software. Essas obras não apenas abordam aspectos teóricos, mas também compartilham lições aprendidas com base em experiências reais de Kaner e outros profissionais do campo.

Autor: **Rex Black** é outro autor conhecido por suas contribuições para a área de teste de software. Ele é coautor do livro "**Foundations of Software Testing: ISTQB Certification**", que é amplamente utilizado como referência para a certificação ISTQB (International Software Testing Qualifications Board). Nesta obra, Black e seus coautores abordam conceitos-chave, técnicas e melhores práticas de teste de software reconhecidas internacionalmente.

Nacionais:

Autor: **Roger S. Pressman** é autor do livro "**Engenharia de Software: Conceitos e Práticas**", uma referência nacional que abrange vários aspectos da engenharia de software, incluindo qualidade e testes de software. Essa obra fornece uma visão abrangente e prática sobre o assunto, explorando conceitos teóricos e práticas aplicáveis ao contexto nacional.

Autor: **Luiz Claudio Gomes Maia** e **Ana Regina Rocha** são autores do livro "**Garantia da Qualidade de Software**", uma obra nacional que explora conceitos fundamentais e práticas de garantia da qualidade de software. O livro aborda processos, métodos e ferramentas utilizadas no contexto nacional, fornecendo insights relevantes para a garantia da qualidade de software.

Epílogo:

Neste livro de fundamentos de Q.A. e Testes de Software, exploramos de forma abrangente os fundamentos, as práticas e as estratégias que são essenciais para garantir a qualidade de software. Desde a criação de um plano de teste eficaz até a automação de testes avançados e as tendências futuras, mergulhamos em um mundo repleto de desafios e oportunidades.

Ao longo deste e-book / Livro, espero ter fornecido insights valiosos e conhecimentos práticos para profissionais de Q.A., testadores de software, desenvolvedores e todos aqueles envolvidos no processo de garantia de qualidade.

A qualidade de software desempenha um papel vital na satisfação do cliente, na reputação da empresa e no sucesso do produto. Portanto, é fundamental estar equipado com as habilidades e as estratégias certas para enfrentar os desafios cada vez mais complexos do cenário de desenvolvimento de software atual.

Quero expressar nossos sinceros agradecimentos a todos os leitores que me acompanharam nesta jornada. Espero que este e-book / Livro tenha sido uma fonte útil de conhecimento, inspiração e orientação em sua jornada na área de Q.A. e testes de software. Nosso objetivo foi capacitar você a desempenhar um papel vital na construção de software de alta qualidade.

Agradeço também a todos os especialistas, profissionais e pesquisadores da área de Q.A. e testes de software que compartilharam seus conhecimentos e experiências, tornando este livro uma fonte abrangente e confiável de informações. Sem a contribuição deles, este e-book / Livro não seria possível.

Por fim, encorajo-os vocês a continuarem aprendendo, explorando e se adaptando às mudanças constantes no campo de Q.A. e testes de software.

À medida que novas tecnologias surgem e as metodologias evoluem, é essencial manter-se atualizado e buscar oportunidades para aprimorar suas habilidades e conhecimentos.

Desejo a você muito sucesso em sua jornada como profissional de Q.A. e testes de software.

Que você esteja sempre pronto para enfrentar os desafios, encontrar soluções inovadoras e impulsionar a qualidade do software para novos patamares.

Seu colega e entusiasta de Q.A. e Testes de Software.

Walter Melo.
Q.A. and Software Test STRATEGIST.

www.ingramcontent.com/pod-product-compliance
Ingram Content Group UK Ltd.
Pitfield, Milton Keynes, MK11 3LW, UK
UKHW061818190726
13853UKWH00007B/2207

9 786500 746587